中国传媒业知识型员工
工作幸福感研究

A Study on the Work Well-being of
Knowledge Staff in Chinese Media Industry

石姝莉 著

中国广播影视出版社

图书在版编目（CIP）数据

中国传媒业知识型员工工作幸福感研究 / 石姝莉著
. --北京：中国广播影视出版社，2021.12
　　ISBN 978-7-5043-8708-0

　　Ⅰ.①中… Ⅱ.①石… Ⅲ.①传播媒介—职工—幸福
—研究—中国 Ⅳ.①G219.2

　　中国版本图书馆 CIP 数据核字（2021）第 197211 号

中国传媒业知识型员工工作幸福感研究

石姝莉　著

责任编辑	许珊珊	
责任校对	龚　晨　郭　勇	
封面设计	贝壳学术	
出版发行	中国广播影视出版社	
电　　话	010-86093580　010-86093583	
社　　址	北京市西城区真武庙二条 9 号	
邮　　编	100045	
网　　址	www. crtp. com. cn	
电子信箱	crtp8@sina. com	
经　　销	全国各地新华书店	
印　　刷	天津和萱印刷有限公司	
开　　本	710 毫米×1000 毫米　1/16	
字　　数	215（千）字	
印　　张	12	
版　　次	2021 年 12 月第 1 版　2021 年 12 月第 1 次印刷	
书　　号	ISBN 978-7-5043-8708-0	
定　　价	45.00 元	

序 言

快乐的员工是否是幸福的员工?幸福的员工是否会有更好的创新表现?近年来,伴随根植于西方文化情境的工作幸福感的深入研究,工作幸福感这一积极心理学的重要变量日益得到国内学界的关注、认同与跨学科研究。但囿于文化情景的差别、产业研究的迥异,工作幸福感在东方文化情境的适用性仍缺乏深入的分析,特别是结合中国社会文化情境探讨其在传媒业中的作用、价值与贡献等便更具突破价值与时代意义。

石姝莉作为我指导的博士研究生,也是少有的具有跨学科研究背景的研究者,最初我对她能否顺利毕业是担心的,但她用自己的勤勉、执着与聪慧逐渐让我放心下来。在博士求学期间她从员工研究开始入手,将组织行为学研究的重点与传媒行业的特征相结合,持续关注传媒业知识型员工的特质、现状及前沿动态,最终落在了员工创新绩效这一重要且核心的管理学研究命题上。她的专著《中国传媒业知识型员工工作幸福感研究》是在其博士论文基础上修改而成的,作为她的导师,看到该书的面世,我非常高兴。

依我看,本书有两方面的创新尤为突出:一是通过对传媒业知识型员工概念的界定,扩充了对知识型员工的研究领域。伴随媒体融合的逐步深入与传媒业知识型员工共性的逐步凸显,全新概念的界定有益于推动该命题研究进一步深化。二是构建起基于组织承诺为中介变量的工作幸福感对员工创新绩效的作用模型,充分考虑到职场氛围及组织特性的员工心理诉求的中介影响作用。

打开了工作幸福感与创新绩效之间黑箱的一角，深化工作幸福感理论研究的同时，拓展了其在传媒等领域的实践指导价值。

石姝莉博士具有敏锐的学术洞察力、开拓的钻研精神、深厚的研究功底，其学术能力与研究视野也在攻读博士学位期间得到了极大的锻炼、提升与扩展。作为一名极具潜力的学者，跨学科探索是研究所急需的但也尤为艰难，希望石姝莉在未来的学习与工作中持续努力、锲而不舍，将该研究主题不断完善并深化。

周莅

2021 年 10 月 23 日于沈阳

| 前　言 |

　　2021 年是中国共产党成立 100 周年，也是"十四五"规划的开局之年。伴随传媒业改革逐步向深水区迈进，传媒企业变革需要从思路和战略上实现转型，贝佐斯曾形容说传统媒体的转型是"没有地图的旅行"，而中国传媒业如何能在"摸石头过河"式的变革中结合资源禀赋发挥比较优势，是当下需要探索的一个重要课题。

　　随着我国传媒业市场化程度的加深，媒介融合脚步的加剧及"互联网＋"时代的到来，针对传媒业知识型员工的有效管理日益成为传媒企业整体实力和品牌竞争力提升的关键。任何传媒企业要想在激烈的市场竞争中脱颖而出，必须依靠与依赖媒体产品的创作与制作者，知识型员工当仁不让地成为传媒企业创新绩效提升的重要引擎。而在积极心理学与积极组织行为学将幸福感研究扩展到管理学和组织行为学领域后，工作幸福感已被不少学者证实是提升个人及组织绩效的有效方法之一。因此，基于我国传媒业发展现状，如何通过工作幸福感增强知识型员工的组织忠诚与承诺，进而提升创新绩效，实现传媒企业长效及可持续发展，成为本书的重要议题。

　　本书以中国传媒业知识型员工为研究对象，基于工作幸福感如何提升创新绩效的命题假设为前提，从个体及组织心理学、人力资源管理学等视角，采用定性研究与定量研究相结合的方法，通过大量文献梳理和实证调研，对传媒业知识型员工工作幸福感的理论与实践问题展开了较为全面的分析。

首先，本书通过对传媒业知识型员工概念的界定，扩充了对知识型员工的研究领域。由于目前并没有针对传媒业知识型员工的概念界定，本书综合专家学者的相关界定，基于本研究的特征和需要，对传媒业知识型员工的概念做出界定：有过高等教育经历（含同等教育经历），或受过相关培训并取得一定资质认证，主要在电视台、广播电台、报社、杂志社、出版社、网站及新媒体企业（以信息加工、传递等相关业务为主，不包含网络游戏等）这七大媒体中从事信息采集、写作、加工、编辑、制作等脑力工作，并基于已有知识进行系统分析、运作与创新等，不断给传媒产品赋予价值或新增价值的劳动者。在综合归纳一般知识型员工的十大特征外，经过调查论证，提出了传媒业知识型员工的独特性特征：具备责任伦理意识、兼具人文情怀、工作强度及压力大。对知识型员工的情境化深入探究有助于扩充、丰富现有的相关理论，更能为后续研究的开展奠定坚实的基础。

其次，本书深入研究传媒业知识型员工的工作幸福感，以组织承诺为新的中介变量，建立起基于组织承诺为中介变量的作用模型，探究工作幸福感、组织承诺同员工创新绩效之间的关联。已有部分研究表明，积极情感因素和认知评价因素都会提高员工对企业的组织承诺，而工作幸福感中的积极情感能够挖掘员工的资源，进而增加其组织公民行为，这与部分研究证明工作幸福感能正向预测组织承诺中的部分维度一致。同时在众多影响员工创新绩效的个体因素中，员工工作幸福感的提升被证实有助于增强员工创新绩效。但组织承诺不同维度对创新绩效的影响也有不同的研究结论。因此有必要探究影响工作幸福感与员工创新绩效之间的关系，亦考虑到职场氛围及组织特性的员工心理诉求的中介影响作用。中介变量组织承诺的加入，打开了工作幸福感与创新绩效之间黑箱的一角，深化工作幸福感理论研究的同时，拓展了其在传媒等领域的实践指导价值。

最后，在传媒业背景下，借鉴前人研究成果修正了工作幸福感量表，使其更加适合本土传媒业知识型员工工作幸福感水平的测量，并运用因子分析和回归分析等验证了量表的信度和效度。当下学界针对工作幸福感的分类大致包括主观幸福感、心理幸福感以及整合两种幸福感这三种，将主观幸福感与心理幸福感综合起来进行的研究被视为建构全面个人工作幸福感的有效视角。本书将中国学者黄亮（2014）的整合两种幸福感视角的工作幸福感四维度量表运用于中国传媒业知识型员工全国范围的测试，根据实证结果进行了维度及量表题项的调整与删减，最终形成适合中国传媒企业的工作幸福感三维度测量量表。为整合两种幸福感视角的工作幸福感研究提供了本土化的理论模型与实证结论支撑。

本书的研究路径是按照问题分析的逻辑和传媒业知识型员工工作幸福感的特点展开的，是按照研究背景分析、研究对象界定、相关文献梳理与述评、相关理论基础划分与模型构建、实证设计与统计分析、数据收集与整理、研究结论与展望等逐步进行的。在各章节内容中，尽可能地对相关理论和思想进行吸收、融合与比较，同时对代表性的传媒业知识型员工的工作幸福感进行深入调研与探究，注重的是对传媒业创新绩效的指导性及作用性价值研究。同时，在写作过程中参考了国内外相关学者的研究成果和思想，并在书中予以明确注释。

希望本书的出版能为我国传媒业知识型员工的管理及组织的持续长效发展提供一定的参考与借鉴。同时本书的完成与出版也得到了编辑许珊珊老师及诸多媒体同行、朋友及学界前辈的大力支持与帮助，在此一并感谢。由于作者水平有限，撰写时间仓促，所以书中错误和不足之处在所难免，恳请广大读者批评指正。

|目　录|

第一章 绪 论

第一节 研究背景

一、现实背景

伴随中国经济与文化改革步伐的加大，媒体人"幸福感"的培养与提升，成为传媒企业真正良性发展与企业文化战略打造的重要基础，如何切实增强传媒业知识型员工工作幸福感、提升其创新绩效更与我国传媒业"做强做大""走出去"等长远目标密切相关。

党的十九大之后，我国传媒业改革的步伐加大加深，转企改制、上市融资、媒体集团化等深层次举措不断。这些措施一方面表明了国家对传媒业融合发展的积极推动，另一方面也看到传媒企业片区划分的领地垄断模式即将结束。传媒企业改革深化将在路径模式和战略架构上重新考量，贝佐斯[①]认为传统媒体的转型是一场没有借鉴参考的独自旅程，我国传媒企业的改革与变革更是只能自我摸索，在这条孤独的探索路途中，如何发挥已有优势、创新媒体资源、打造品牌特色将是媒体人需要深思的重大命题。

如今的中国传媒单位大都转为企业或实施企业化经营，为此针对从业者进行系统的招聘、培训及管理等要求日趋强烈。相比而言，国外大多数媒体一直以来都是企业化运作，并早已形成完善的媒体人才管理系统。基于我国传媒业的快速发展与傲人成绩，以及 WTO 协议中承诺不断开放的中国媒体市场，使得国外大型传媒集团加快进入中国传媒市场的步伐。近年来国家管理层针对传媒业发展所出台的相关文件也起到了不断推动与促进媒体融合、

[①] 2013 年，美国传媒业关键词中词频最高的两个词语"贝佐斯"与"华盛顿邮报"共同来自一个事件。8 月 5 日，Amazon 的创始人贝佐斯收购《华盛顿邮报》，其被评价为第一位在报纸行业没有任何经验的"数字原住民"所收购的第一份美国报纸。

产业融合的作用，例如，从《关于推动传统媒体和新兴媒体融合发展的指导意见》（2014）到《关于加快推进媒体深度融合发展的意见》（2020）。一方面目前我国文化传媒产业投资基金发展迅猛，产业链和生态圈不断完善，融资上市风潮正盛，传媒企业的创新活力与动力表现显著，不少大型品牌传媒企业更是日益重视整个传媒组织的实力和人力资源的管理。但另一方面媒体人的新闻伦理缺失、道德底线下滑等问题在最近几年也频发不断，如假新闻、记者受贿、虚假导报等，暴露出媒体管理制度松散、媒体人素养培育缺失等深层次漏洞。同时，伴随新媒体的迅猛发展，传统媒体大量优秀人才或进入金融、IT、信息行业，或投身创新创业大军自行创业，离职风潮此起彼伏。刘洲伟[①]离职创业震动传统媒体圈，央视主播名嘴郎永淳、李小萌、张泉灵、赵普、李咏相继离开公众视野，可见传统媒体逐渐难以获得优秀人才的青睐，留下优质核心员工的实力更是下降明显。众所周知，传媒企业的重要资产无疑是人才资源，如何留住采写编骨干、吸引媒体人才加盟；提升知识型员工工作幸福感、增强其对组织的忠诚与承诺；从而提升企业绩效、实现媒体成功转型，值得当下每个传媒管理人深思，更与我国传媒业做强做大紧密相关。

传媒企业的产品为媒介产品[②]，由于消费者消费的核心是其内容，因此媒介产品的内容创作者或制造者成为传媒创新绩效提升的关键。积极培育媒体员工的积极心理，加强其工作情景里的愉悦、舒适、幸福感，才会更有效地增强其工作的投入与动力，进而提升创新绩效，以提升传媒企业的绩效水平并打造企业独有优势。弗里德里希·包尔生（德国伦理学家）就认为："所有的技艺根本上都服务于一个共同的目的——人生的完善。"[③] 由此可见，传媒企业组织的终极目标也可看作是"人的完善"与幸福感的获得。

---

① 刘洲伟，《21世纪经济报道》的创始人之一。2001 年，沈灏、刘洲伟、陈东阳、李戎四人一起创办《21世纪经济报道》，此后在中国财经报道领域刮起了"南方旋风"，他们四人也被人冠以"F4"黄金组合的美誉。《21世纪经济报道》被外界誉为中国最好的报业集团和最好的经济类报纸。

② 媒介产品：由媒介组织生产并提供给阅听人的媒介内容与物质载体的统一体，即载有信息内容的纸张、电磁波、胶片、磁盘、光盘等最终劳动产品。Alison Alexander，James Owens，Rod Carveth，C. Ann Hollifield，Albbert N. Greco，*Media Economics-theory and practice*（3 Edition），Lawrence Erlbaum Associates，2004，pp. 240.

③ 苗元江等：《工作幸福感概观》，《经济管理》2009 年第 10 期。

二、理论背景

近些年国外主要是西方学者对员工工作幸福感的相关研究已有较大进展，但对企业员工工作幸福感的概念界定、维度划分及测量标准等还没有实现统一标准与看法。[①] 相比而言，国内学术界针对工作幸福感的研究更多涉及非企业员工，且在研究视角、范围、深度等方面和国外研究有所不同。但是，伴随我国经济、文化等的发展与变革，企业员工工作与生活平衡、工作愉悦度、工作与职业追求等日益成为业界与学界关注的焦点，提升员工工作幸福感与工作投入度等或将成为企业未来发展与突破的关键点。因此在理论上深入剖析与研究企业员工工作幸福感及其对员工与组织绩效提升的作用势在必行。

工作幸福感一词最初来自古希腊先哲们针对"幸福"的讨论。伴随积极心理学运动的展开及积极组织行为学的诞生，幸福感及相关研究不断延伸至组织行为学领域，并拓展进入企业管理学范畴中。美国心理学家塞利格曼和希斯赞特米哈伊（Seligman & Csikszentmihalyi）基于《积极心理学导论》（2000 年）提出："当代心理学正处于一个新的历史转折时期，心理学家扮演着极为重要的角色和新的使命，那就是如何促进个人与社会的发展，帮助人们走向幸福，使儿童健康成长，使家庭幸福美满，使员工心情舒畅，使公众称心如意。"[②] 积极心理学即使用科学系统的方法剖析并探究人类心理中的积极因素，用以推进个人及社会以至涵盖全体人类的完善与进步。组织行为学研究者卢桑斯（Luthans）提出积极组织行为学（POB）是以发掘人类的积极品格为出发点，发展和促进人类的积极力量为目标，最终实现提升工作绩效与组织绩效的一门科学。异于以往的组织行为学研究，积极组织行为学侧重于基于组织的可测量并可实现提升工作绩效的相关研究成果，例如如何打造企业人力资源优势、促进员工积极心理能力的构建与提升。同时，卢桑斯还认为工作幸福感是积极组织行为学的子概念之一。

工作幸福感是组织成员实现个人目标的基础与保障，一方面可展示出员工在工作中的积极力量；另一方面基于个人目标的实现，可助推组织目标的

---

① Page K. M. , Vella-Brodrick D. A. The "What", "Why" and "How" of Emplyee Well-being: A New Model. *Social Indicators Research*, 2009, 90 (3): pp. 441—458.

② 苗元江、冯骥:《白苏好 . 工作幸福感概观》,《经济管理》2009 年第 10 期。

完成。不少研究结论证实了工作幸福感对个人及组织目标/绩效的提升作用（丹尼尔斯和哈里斯，2000；赖特，2000；丹尼，2002；克罗潘扎诺，2004）。目前有关工作幸福感的研究还处于起步阶段，如工作幸福感的结构（2006 年 Ruff 认为工作幸福感应该具有六个维度：生活目标、个人成长、环境可控性、自我接受、和他人的积极关系、自主性），工作幸福感的测量（拉森和弗雷德里克森认为其测量方法主要涵盖自陈法、观察者或知情者报告法、任务及生理测量法），影响工作幸福感的因素（根据相关研究成果，主要有以下因素影响员工工作幸福感：工作本身、工作环境、福利报酬及人际关系），工作幸福感与个人/组织绩效的关系（任海燕的研究表明医生的工作满意度高将为病人提供的医疗服务及治疗效果可能更好，进而可提升病人对医生及医院的满意度水平，同时有助于降低相关医疗成本，并最终提升医院的市场竞争能力，加大在医疗市场中的占比额度及提高医院的利润等），工作幸福感的培养和管理（2005 年 Lyubomirsky 等在对部分研究做了分析后认为工作幸福感和工作绩效之间的相关系数为 0.27，并提出工作绩效至少有 7.3% 的变异是与工作幸福感相关的。进而指出提升工作幸福感的机会成本如果低于相应的收益，管理者就可实施策略以提升员工工作幸福感[①]）等。

其中，工作幸福感对员工创新绩效相关研究有：阿马比尔和弗里茨（Amabile&Fritz）认为员工当天的积极情感正向影响其当天及第二天的工作投入、积极性及创新性；斯塔夫（Staw，1994）提出一般情况下同事及领导更倾向于对富有更多积极态度及情感的员工予以好评，积极态度及快乐的员工更易获得管理者的高度评价，诸如在工作表现、工作能力、认可程度及和创新绩效等方面；不仅如此，赖特和克罗潘扎诺（Wright&Cropanzano，2000）的研究也证实，管理者在评价员工主观幸福感与绩效之间得出的结论是二者紧密相关；普利茨克（Pritzker，2002）指出公司股东倾向给快乐积极的主管予以更高水平的绩效评价，因为他们认为乐观的执行官将为公司带来更多收益与绩效。

组织承诺是近些年研究的热点之一，这主要得益于高水平组织承诺的员工被证实会为组织带来更多的积极情绪与行为，诸如组织认同、组织公民行为等。组织承诺对工作绩效（包含创新绩效）的积极作用等相关研究目前已

---

① 王佳艺、胡安安：《主观工作幸福研究述评》，《外国经济与管理》2006 年第 8 期。

得到不少证实。如马修和扎哈克（Mathieu&Zajac，1990）提出组织承诺的结果变量主要是绩效、出勤率、离职等。凌文权等认为组织承诺的五个维度与绩效指标之间呈现正相关关系。[①]

工作幸福感与组织承诺的相关研究也得到相应证实。大部分研究都认为，对组织的正向态度是组织承诺产生的基础。如保隆（Bolon，1997）等认为工作满意感与组织承诺存在显著正相关；托马斯（Thomas，1984）区别于以往研究认为工作满意感不是组织承诺的原因变量，而是其结果变量；利克特（Likert，1961）的研究佐证了管理者自身的高绩效与高积极工作投入会正向影响员工的工作态度，使其认同该组织并认可组织目标，进而为达成组织目标加大工作投入与贡献。[②]

鉴于以上对工作幸福感目前研究的讨论，应该积极探索并挖掘基于工作情境及员工心理变量的，在员工工作幸福感与创新绩效之间起作用的中介变量。因此，本文以组织承诺作为工作幸福感与员工创新绩效之间的中介变量，探索工作幸福感与员工创新绩效之间的关系，这一基于特定组织类型与工作环境的深刻剖析与研究将为我们打开工作幸福感与员工创新绩效之间黑箱的一角。

第二节　研究的意义和问题的提出

一、理论意义

目前国内外对工作幸福感的研究还比较少，而以创新绩效作为结果变量的研究则更少，针对传媒业知识型员工工作幸福感的探索在目前相关研究中并未涉及。国内外相关研究中一般将组织承诺视为组织公民行为、工作绩效、离职等的前因变量，或将其作为组织支持、心理契约等的结果变量，目前还没发现将组织承诺引入工作幸福感与员工创新绩效之间，作为中介变量展开探究的，这有助于拓展组织承诺的研究视域与范围。本研究拟探讨传媒业知识型员工工作幸福感对员工创新绩效的影响，将进一步揭示工作幸福感的作用机制，具体理论意义如下：

---

① 凌文权、张治灿、方俐洛：《中国职工组织成的结构模型研究》，《管理科学学报》2000年第3期。

② Likert. R，*New patterns of management*，New York：McGraw-Hill，1961.

第一，扩充针对传媒业知识型员工的相关研究。文化传媒业作为国家"十二五"规划中首次明确提出的国民经济支柱性产业，更在"十四五"规划中将其列为文化创意产业的重要组成部分和先导性产业，其研究价值毋庸置疑。对媒介产品创造者的重新定义与深入分析，不仅能够弥补相关研究的空白，更能推动学科交叉研究的进度。本文基于心理学及组织行为学的相关研究成果，引入部分前沿概念及视角，进行传媒管理领域的探究，将不断丰富与完善传媒业知识型员工的内涵。

第二，深化工作幸福感的相关研究。目前虽然理论界关于工作幸福感对员工创新绩效有重要的影响已经不容置疑，但两者关系的研究结论却存在较大的分歧。大量研究证实，工作幸福感的提升将有效改善员工创新绩效水平；部分研究也认为，即便工作幸福感不高，也会促进员工创新绩效的提升。因此，引入中介变量来探寻工作幸福感与创新绩效的关系，将深刻展示传媒业知识型员工工作幸福感与创新绩效之间的作用机制，不仅丰富了工作幸福感的研究内容，而且为其研究提供了新的视角。

第三，丰富组织承诺理论。作为工作幸福感和员工创新绩效的中介变量，组织承诺的加入是本文的一大特色，特别是工作幸福感和组织承诺各个维度之间的相关关系研究，在以往组织承诺研究中并未出现。本研究检验组织承诺的中介效应，使工作幸福感、组织承诺和员工创新绩效三者有效地合而为一，构建出提升传媒业知识型员工创新绩效的作用机制模型，一方面深化了组织承诺的理论研究，另一方面为创新绩效的深入探究提供了借鉴。

二、现实意义

传媒业作为文化产业的有机组成部分之一，更是国家信息传播、文化宣传的喉舌，特别在其企业化身份后，面临深化改革的阵痛。作为内容产业的传媒业，其内容产品的创造者对工作的积极性、幸福感和对其组织的认可度、归属感将深刻影响创造者们本身的创新绩效。因此无论从宏观层面抑或微观层面，探讨传媒业知识型员工工作幸福感和员工创新绩效的关系都非常具有现实意义：

第一，增强传媒业知识型员工的工作幸福感，提升员工创新绩效。传媒企业要想在竞争激烈的市场经济环境中求得生存和发展，就必须管理好企业，而员工则是促进企业发展的重要因素，因此合理培养、开发及管理其知识型员工才是关键。员工的快乐情绪及积极态度是企业资源的一种独特表现，其再生性能与发散优势是企业良性发展的制胜法宝，工作幸福感的增强，有利于他们充分发挥其个性中的积极特质，极大促进其积极性，最大限度地挖掘出其潜力，达到一加一大于二的效果。

第二，提升传媒业知识型员工对企业的认知度与忠诚度。传媒业知识型员工职业压力大和心理亚健康是近年来行业关注的热点之一，也是导致员工组织承诺较低的两大重要因素：一方面遏制了知识型员工的工作投入与组织认同程度，另一方面影响到传媒企业品牌文化的打造与经济收益的水平。尤其针对媒介产品创造过程中的知识型员工而言，提升其对组织的认可与归属感，不仅能在一定程度上减轻其工作压力，而且可以促进其充分发挥个人才干，提升创新绩效。组织承诺的研究对于提升传媒业知识型员工的组织归属感及构建积极良好的人际关系都有着重要的实际价值。

第三，为员工工作幸福感提升的管理方式提供了具体借鉴。如针对部分具有较强创新需求的工作而言，员工录用前可进行人格特征的测试以适应招聘条件；传媒企业在员工特质培养方面，应以宽容、友爱、积极、乐观等为标准打造企业文化，用以提升员工工作幸福感；员工奖惩制度制定时，可适当提升非物质奖励比例，通过平衡员工收入差距提升员工满意度；在工作安排与人员调试方面，注重职位需求与员工能力的匹配，积极推进员工与工作的适应度，增强员工工作的投入度与积极性。

三、问题的提出

综合以上研究背景和意义，本着探讨传媒业知识型员工工作幸福感对其创新绩效的影响研究，以提升媒体员工的创新绩效，完善传媒企业人力资源管理水平的目的，本研究题目定为"中国传媒业知识型员工工作幸福感研究"，主要采取定性与定量相结合的研究方法，在文献梳理与数据调研的基础上，探究前人研究没有涉及过的传媒业知识型员工工作幸福感对员工创新绩效影响这一崭新领域。研究选取组织承诺作为中介变量，探索具体行业、具体职业的创新绩效问题。

第三节　研究目标

在国内外相关文献检索的基础上，收集整理与本文密切相关的研究成果，立足于讨论工作幸福感、组织承诺、创新绩效与其相互间的关系，以传媒业知识型员工为对象进行实证调查，通过数据统计分析验证各项假设。力求达成的研究目标有：

（1）参照黄亮（2014）提出的中国企业员工工作幸福感测量量表，通过收集传媒业知识型员工工作幸福感的相关数据，进行量表的验证与修正；

（2）通过收集传媒业知识型员工创新绩效的相关数据，以吴治国（2008）修订的"创新绩效量表"为基础，结合詹森（Janssen，2000）和崔（Choi，2004）"个体创新行为"量表，形成传媒业知识型员工创新绩效量表；

（3）通过实证探究传媒业知识型员工工作幸福感诸多维度对员工创新绩效的影响作用；

（4）基于实证结果考察组织承诺是否是工作幸福感与创新绩效的中介变量，探索工作幸福感各个维度与组织承诺各维度的关系，以及组织承诺各维度与创新绩效的关联；

（5）基于实证结果，为传媒企业人力资源管理总结具有借鉴意义及操作价值的管理策略，同时拟定以提升工作幸福感及组织承诺水平的管理措施，为传媒业知识型员工创新绩效及组织绩效提升提供参考，进而增强传媒企业的经营实力与文化软力。

第四节　研究思路

一、研究方法

本文以理论剖析和实践调研为主要研究方法，涉及文献梳理、访谈问卷、统计分析，具体如下：

（一）文献梳理法

深入搜集国内外文献资料，特别是近五年的相关研究前沿与进展，通过对与课题相关文献的搜集、归纳、整理来总结以往研究成果，作为本研究的理论基础和学术借鉴。该研究方法一方面便于吸取国内外研究者的优秀成果；另一方面对前人研究方法的学习与借鉴更有助于本研究的展开，并基于此架构本研究的思路框架及假设推断。

（二）访谈问卷法

访谈与调查问卷是本文展开实证分析的前提基础，基于本文的本土化研究需要，大部分问卷都是国内相关专家学者根据中国情境开发与修正的量表。为确保量表的内容效度，问卷所有题项均参照国内外已有文献进行设计，并通过向传媒企业高管人员和组织行为专家的咨询、访谈来进一步完善量表，使其更适合中国情境。主要涉及：我国学者黄亮（2014）开发编制的中国企业员工工作幸福感测量量表；刘小平（2002）在艾伦和迈耶（Allen & Meyer，1990）组织承诺量表基础上修订的组织承诺量表；以吴治国（2008）修订的"创新绩效量表"为基础，结合詹森（2000）和崔（2004）"个体创新行为"量表，形成的传媒业知识型员工创新绩效量表。通过 QQ、微信和电子邮件等方式实施抽样以检验前提假设与构思。

（三）统计分析法

本文依据前期调查问卷的回收情况，以统计软件 SPSS20.0 和结构方程模型软件 AMOS22.0 为主要实证数据分析工具，进行量表的检验与修正，针对量表的信度、效度进行考察，以验证变量之间的假设关系。主要方法涉及：描述性统计、信度与效度分析、探索性因子分析、验证型因子分析、相关分析与回归分析等，检验先前假设。

二、技术路线

本研究基于组织行为学、管理学和心理学的相关理论，通过问卷调查搜集与研究假设相关的数据，运用统计方法对数据进行分析与探究，查找传媒业知识型员工工作幸福感对创新绩效的影响机制，以提出针对传媒企业切实可行的人力资源管理措施与建议。技术路线如图 1-1 所示。

三、研究总体框架

根据之前的研究技术路线，本研究共分七个章节，具体内容如下：

第一章 绪论。首先提出研究的理论及现实背景，在分析完本研究的理论及现实意义之后，提出本文的研究目标、研究方法及技术路线，最后提出创新点。

第二章 文献综述。界定并梳理了本研究涉及的传媒业知识型员工、工作幸福感、组织承诺和员工创新绩效的概念、维度与测量等，对现有国内外研究进行总结和评价，并据此提出本文的研究方向。

第三章 理论基础。阐述本研究依据的理论基础和模型，主要有自我决定理论、边沁的快乐论、心理健康双因素理论、积极心理健康模型和社会交换理论。

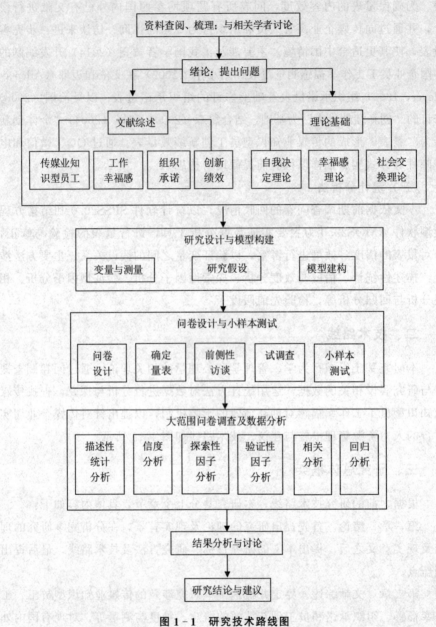

图 1-1　研究技术路线图

　　第四章　研究设计及模型构建。对研究变量进行概念界定，提出相关研究假设：工作幸福感对创新绩效的假设、组织承诺对创新绩效的假设、组织承诺作为工作幸福感与创新绩效之间的中介作用假设，并构建各假设模型和总体研究模型。

第五章　问卷设计与小样本测试。首先介绍问卷设计的原则，然后进行前侧性访谈、试调查和小样本测试，最后对小样本数据进行数据收集和分析，并据此对测量量表进行修正与确定，涉及人口统计特征量表、工作幸福感量表、组织承诺量表和创新绩效量表。

第六章　大样本数据收集与分析。介绍大样本数据回收情况与分析方法，进行描述性统计分析，对大样本数据进行信度与效度检验，运用相关与回归分析对变量间关系进行验证，探讨假设结果并分析原因。

第七章　研究结论与展望。对实证研究结果进行归纳，依据研究结论提出对传媒企业人力资源管理的借鉴价值，提出相应的策略建议，归纳研究的不足并提出未来研究的注意事项及可能方向。

第五节　主要创新点

经过对相关文献的梳理及实践数据的调研，本研究以中国传媒业知识型员工为研究样本，通过构建工作幸福感、组织承诺与创新绩效为研究模型，进行样本数据的实证研究，探讨了三者之间的关系。较之以往研究有如下创新点：

（1）通过对传媒业知识型员工概念的界定，扩充了对知识型员工的研究领域，在综合归纳一般知识型员工的十大特征外，经过调查论证，提出了传媒业知识型员工的独特性特征：具备责任伦理意识、兼具人文情怀、工作强度及压力大；

（2）深入研究传媒业知识型员工的工作幸福感，以组织承诺为新的中介变量，建立起基于组织承诺中介变量的作用模型，探究工作幸福感、组织承诺同员工创新绩效之间的关联；

（3）在传媒业背景下，借鉴前人研究成果修正了工作幸福感量表，使其适合本土传媒业知识型员工工作幸福感水平的检测，通过因子分析和回归分析等修正并确定最终量表。

第二章 文献综述

第一节 传媒业知识型员工相关研究

一、传媒业知识型员工的概念界定

传媒业包括纸质媒介（报纸、杂志和图书）和多媒体（音像制品、广播、电视、电影），二者统称传统媒体。相较于传统媒体，互联网与数字化的今天，网络媒体和数字媒体蓬勃发展。但一般意义上，通常将报刊书、广播、电视及互联网称为四大主要媒介。[①] 在资本高速积累及传媒专业化分工后，媒体单位不再独立单一运作，而形成了以某一媒介形态为主的传媒集团，以此增强市场竞争力以抗衡发展风险，这就是传媒产业诞生的基础。[②] 在欧美发达国家通常将传媒产业划归至信息产业中，一般涉及信息产品的加工生产及传播营销，涉及信息传播特性的纸媒（报纸、杂志及图书）、音像、广播、影视及互联网等均可归入传媒产业内。一方面传媒业具备信息产业的显著特色，另一方面作为文化传播事业的传媒业其产品又涵盖明显的人文特点及强烈的文化特性。基于本研究的特征和需要，本文将报纸、期刊、图书、电视、广播、网站和新媒体（以信息加工、传递为主的相关业务，不包含网络游戏等）这七大主流媒体作为本研究界定的传媒业。

以信息加工生产为主要内容的传媒业具有如下两大特征：其一是传媒产业与社会人关系的日益紧密。伴随媒体的高速发展及产业融合的加剧，传媒信息量激增的同时媒体产品形态及载体模式日渐丰富，受众与用户对媒体的需求与依赖逐步加深。其二是传媒品牌打造与媒体人争夺的日益白热化。伴

---

① 郑卫健：《论媒介经济与传媒集团化发展》，中国人民大学出版社，2003。
② 喻国明等：《传媒竞争力——产业价值链案例与模式》，华夏出版社，2005。

随传媒内容和形态的日趋丰富多样，媒介产品要得到受众认可，不仅需要产品内容推陈出新，形式与风格上更要有创意，品牌策划人、知名记者、著名制片人等将为媒体栏目、传媒产品的打造与塑造增色不少。

所谓知识型员工，顾名思义就是将自身掌握的专业知识运用于工作中进行劳动的人。而有关知识型员工的研究则是伴随半导体技术的诞生及推广开始的，当传统工业转型为现代工业时，计算机技术的发展、人工智能的出现为专门从事脑力劳动及科研创新的人打下了根基，同时这部分劳动者的工作为产品的价值增值及内容形态创新起到了关键作用，这便是知识型员工的雏形。

根据对已有文献的梳理，多数研究者认为知识型员工有如下共性：第一，知识型员工有其独有的知识体系和技能水平（Drucker，1959；刘琴等，2002）；第二，知识型员工主要运用知识和技能工作（Dove，1998；凌文辁等，2004）；第三，知识型员工的工作具有创造性与创新性（Woodruffe，1999；彭剑锋、张望军，1999；雷巧玲，2006；袁凌等，2012）。综上所述，知识型员工不是普通的、一般意义上的员工，而是具有工作自主性和创造性，且通过运用自身的知识和技能进行工作，为企业创造利润和价值。杨杰等（2004）的研究也支持"知识型员工"同"知识分子"有异曲同工之意，同"脑力劳动者""白领工人"等略有区别。[①] 国内研究者杨杰、凌文辁、方俐洛（2002）的研究表明大多数中国人习惯将脑力劳动者、知识分子及知识型员工等放入同一研究领域，并认为知识型员工在一定程度上可以用口语中的知识分子来表达。

目前并没有针对传媒业知识型员工这个概念的界定，本文在综合考量已有相关界定后，基于研究的需要，将知识型员工界定为：有过高等教育经历（含同等教育经历），或受过相关培训并取得一定资质认证，从事脑力劳动，并基于已有知识进行系统分析、运用与创新等，不断给产品赋予价值或新增价值的劳动者。根据知识型员工的界定及传媒业自身特点来看，本文对传媒业知识型员工的概念做出界定：有过高等教育经历（含同等教育经历），或受过相关培训并取得一定资质认证，主要在电视台、广播电台、报社、杂志社、出版社、网站及新媒体企业（以信息加工、传递为主的相关业务，不包

---

① 杨杰、凌文栓、方俐洛：《关于知识工作者与知识性工作的实证解析》，《科学学研究》2004年第4期，第190—196页。

含网络游戏等）这七大媒体中从事信息采集、写作、加工、编辑、制作等脑力工作，并基于已有知识进行系统分析、运用与创新等，不断给传媒产品赋予价值或新增价值的劳动者。此外，针对传媒业知识型员工，本文主要界定为在七大媒体从事信息采集、写作、加工、编辑、制作等脑力劳动的知识型员工，他们虽有一定差异，但在工作中都是需要运用专业知识创造性地制造媒介产品的。例如，在制作媒介产品时，无论是报纸编辑还是电视台编导，利用已有内容素材，进行选择、加工、编辑、制作等，都是需要基于自身知识背景来进行创新的。同时传媒产品的受众接受度很大程度上也依赖于知识型员工的创造与创新，这是他们的共同特征。

传媒业知识型员工是传媒企业重要的财富，也是其最重要的资本形式，他们控制着企业财富的创造水平，是企业的主要竞争优势，也是传媒企业品牌的塑造者和维护者。

二、知识型员工的特征

20 世纪 50 年代，美国知名管理研究者彼得·德鲁克（Peter·Drucker）提出了知识工作者（Knowledge worker）一词，并将其界定为"那些掌握并运用符号及概念，运用信息或知识进行工作的人"。对于这一抽象描述，更多的是强调其能够通过现代科技及专业知识提升工作绩效，并同时认为其具有较强的知识整合能力及创新能力。德鲁克在那个年代更多是将知识型员工表述为企业经理或具有相应工作特性的劳动者，然而时至今日，该词语已延伸至白领及专职人员。

国际知名咨询企业安盛咨询公司在其多年研究后对知识型员工得出如下结论：因为知识型工作对其工作者有更加专业的知识系统及更具独创性的工作能力等要求，故知识型员工一般涉及如下行业：设计开发、研究创新、工程构建、市场咨询、推广销售、广告企划、财会管理、金融投资及律所事务等。

基于前人对知识型员工的相关研究成果，本文从知识型员工的职业划分、工作特性及心理特色三方面对其特征做如下归纳。

（一）独立性与自主性并重

基于前期高水平的教育经历及系统的知识体系，知识型员工更倾向于独立完成工作，并具备良好的自主控制能力。玛汉·坦姆仆（F. M. K. TamPoe, 1990）的研究证明在知识型员工的个人需求中，个体成长与工作自主性分别排名第一和第二。其独立性与自主性通常体现在接受工作后的独自思索能力与考虑问题时的强烈个人视角，如果面对强硬型管理者则更愿意表现出个人想法；同时在面对项目合作工作时，更倾向于分工明晰、独自完成。这与其强烈的工作挑战需求与工作成就需求相符。

（二）强烈的发展提升愿望

知识型员工对于个人职业的发展需求较为强烈，不同于传统型员工对物质需求的简单满足，其更看中个人价值的展现与职场发展的空间，同时注重工作环境尤其是工作人际关系的融洽。彭剑锋与张望军（1999）的研究证实成长与发展需求位列我国知识型员工个人需求的第二位。除了职业发展，知识型员工也看中个人素质及工作能力的提升，因此相比较而言，其更倾向于主动寻求任务并完成自我超越，追求结果与过程的统一，以自我价值实现为目标。彭剑锋与张望军（1999）的研究结果同样显示挑战性工作位列知识型员工个人需求的第三位。可见个人发展及能力塑造已成为连接知识型员工与组织间信任关系的关键。

（三）个性鲜明且特征明显

知识型员工因其教育背景与人生经历的相似性，往往具有独立坚强、执着稳定的个性特征，对工作事务的看法及剖析一般会注入更多的个人色彩与观点，不轻易被改变。因此这种固有、稳定且强烈的个性特色塑造的知识型员工，第一，对专业的认定与坚持，通常而言，知识型员工基于专业知识的全面掌握与了解，更看重知识与技能的专业性与权威性，而非职场地位；第二，更注重个人职业发展，重视职场规划与职业设计，相信自己可以掌控个人的命运与未来发展；第三，更加果敢与坚强，基于对达成工作目标的强烈追求，知识型员工在处理问题及面对难题时更加勇敢与果断，内心信奉努力坚持即能战胜困难的信条，有较强的韧性；第四，看中平等与重视客观，由于知识型员工有着对事实的客观态度及对真理的不懈追求，其更具备公平公正的处事原则，追求工作背后的原因更为重要；第五，更倾向开放的工作氛围及民主的工作气氛，对工作中的等级制和层级现象看得较淡，对于命令型领导较为不满，更喜欢参与性较强的工作，因而平等意识很强，喜欢宽容、随性的组织文化氛围。

（四）对专业的忠诚度高

其一，主要在于知识型员工知识构造的专一性和专用性。随着信息量的激增与知识点的深入，如今专业间鸿沟日益扩大，专业精深性逐步增强，由此导致知识型员工之间的较量更多体现在知识水平的专业化与精细化方面，各行各业急缺的人才也都是专业性极强的高精尖知识型员工，同样，伴随知识的精深也导致知识型员工在长期积累专业性知识后转型、转行的概率不断降低，打造"钉子精神"由此成为知识型员工的发展方向。其二，知识型员工固有的专业知识投入高成本现象。基于知识的结构化与细分化发展，知识型员工在累积与发展专业知识时需要长期持续的投入，包括时间成本、精力成本及经济成本，同时伴随着高昂的机会成本。基于对专业知识及个人职业发展投资回报的追求，一方面知识型员工十分看重个人的长期专业沉淀，另一方面也不得不局限于本专业并承担沉默成本。为此带来的后果有二：一是大多数知识型员工追求成为本专业范围内的领军人物或权威；二是基于对专业知识的执着追求与个人职业的发展目标，知识型员工对组织的认同感与归属感不及对专业的忠实，一般是通过职业的发展来实现对组织的承诺。

（五）工作流动性较强

理由有二：一是由于知识型员工的相对稀缺与替代性弱。相对稀缺体现在知识经济时代的特征上，那便是各行各业对于知识资本，即知识型员工的迫切需求与日俱增；而知识型员工的培育与塑造则需要长期的教育投资及成本投入，而高水平、高能力的知识型员工更是可遇不可求。在传媒急剧变革的当下，我国大部分媒体，无论是传统媒体中的报社、电视台，还是新媒体中的公众号、社交平台都急缺复合媒体人、经管运营人及独立策划人。[①] 据统计，在传媒工作人员中，真正懂得媒体经营管理的高层人才比例尚不到1%，作为顶尖人才的精英更是少之又少。[②] 知识型员工的职场发展相对比传统型员工更有长远性，其独具的知识体系与专有能力将其打造为人才市场中的紧俏商品。知识型员工替代性弱则体现在知识积累的长期性与知识创新的复杂性两方面，知识型员工对组织的价值更多是通过其对自身知识的有效运用与重组创新展现的，此类固化于知识型员工自身的内在化人力资本有着强有力的独一特性与不可取代性。也正因如此，知识型员工有着较强的自我选择实力，其对工作的选择更多展现的是自身的需求与愿望。

二是知识型员工有强烈的自我规划与发展目标。知识型员工的个人需求促使其有着更强烈的个人职业规划，并基于自我实现与发展的目标，使其有

---

① 张莹、付瑞雪：《浅析传媒变革时期的人才培养》，《中国报业》2011年第11期。
② 喻国明、杨雅：《2013年中传媒业的发展状况与未来态势》，《社会科学战线》2014第3期。

着更为坚定的动力与执着的精神。一旦原有企业赋予其的发展空间或机会不能满足其需求时，追求更有价值意义的工作将成为其主动辞职的关键因素。基于一项全国调查发现，我国新闻从业者从业年资平均 8.66 年，近半从业者有过跳槽经历，其中网络媒体从业者的流动性最强。另外，记者的职业忠诚度不高，只有近四成记者愿意重新选择新闻职业[①]。该状况十分不适合资深媒体人的培育，相比美国新闻媒体而言，其资深年长的媒体从业者占比较高，如美国著名电视主播丹·拉瑟（Dan·Rather）效命于美哥伦比亚广播公司（CBS）新闻部长达 44 年，离开时已是 74 岁高龄。

（六）工作创新性较强

管理学者库柏指出："之所以说知识型员工很重要，主要在于其具备创新创造知识的实力和能力。"简言之，知识型员工的重要性不仅仅是其具备的知识水平与技术能力，而是其可以在实际工作中通过对固有知识的重新理解与创新运用，创造出新的专用知识，为产品增值、品牌塑造提供重要依据。毕竟知识型员工的工作不同于单纯的重复性劳动，更多体现了其创新性的思考与成果；更加积累的已有知识，从非传统视角出发，进行知识重构、创新与应用，不断为所在组织贡献自身创新能力。由此可见，处于工作情景中的知识型员工偏向于更加轻松、自由、自主、开放的环境，重视工作计划与自我管理，其工作质量的最大特性来自可以提供更加高端、高质的产品，而非更多的产品，因此知识型员工是企业组织最为重要与宝贵的资产。

（七）更为看中生活质量

原因有二：其一是伴随知识型员工整体收入的提升及工作价值的不断体现，物质收入带来的心理满足不断下降，拥有更多自主休息时间和旅游安排等休闲活动成为其提高生活品质、平衡工作生活的重要需求；其二主要是知识型员工长时间处于高速紧张的工作氛围中，压力的增加急需通过高品质的生活进行放松与缓解，这也是其更为看重生活质量，追求休闲娱乐品质的原因之一。尤其是近年来媒体工作者因工作压力过大导致的"过劳死"频发，更是强调了知识型员工需要学会放松与休闲，平衡工作与生活。

（八）软激励需求增加

由于知识型员工整体上的需求层次较高，追求自我实现等动机强的特征在一定程度上决定了其更看重软激励。软激励通常是指人才管理采用的柔性

---

① 苏林森：《新闻从业者职业流动状况及其影响因素》，《新闻界》2012 年第 2 期。

化方式与内容，例如更多的沟通与了解、人员培训与心理辅导、个人职场规划与调整、企业文化建设与团队合作、重视工作模式的灵活性与弹性制。相较硬激励而言，软激励更为重视企业员工的内在动力开发，偏重效果的内生性与延续性，不似硬激励强调的报酬、福利及奖惩制度。根据马斯洛经典的需求层次理论，软激励应属于需求层次中的高层需求，强调个人需求的成就感与满足感。这与知识型员工处于较为激烈的竞争环境，重视个人职业规划与工作成就一致，决定了其更为偏好软激励。通过中外研究者的研究成果，可以看出个体成长与发展、工作自主与挑战性、企业前景与业务成就等软激励要素一直处于知识型员工个人需求的重点。

（九）看重知识升级与更新

随着知识经济时代的不断发展，专业知识的更新日益加快，为保持自身实力并确保知识资本不贬值，知识型员工需要不断提升本专业领域内知识内容的更新与知识系统的再造，为此其需要不断进行知识信息的积累更新、强化阶段性培训、善于通过知识共享更新自我知识体系。彼得·德鲁克认为："企业员工的教育培训是其自我成长更新的重要基础与来源。"面对大数据时代下的知识爆炸，阶段性学习与终身教育早已成为各企业组织及个人的共同选择，因而打造浓厚的组织学习氛围、培育组织员工的个人学习习惯、增强员工的自我学习能力，成为企业组织吸引人才的重要标准。企业组织对高层次综合能力型员工的需求与知识型员工不断提升自我实力的诉求不谋而合，叠加合并出知识型员工的毕生追求便是对知识的不断升级与更新。

（十）职业锚定效果明显

施恩提出的职业锚理论（1990）认为员工在步入工作场所之后，依据已有的工作经历及个人职业规划需求，不断探寻符合自身职场发展的标准与目标，最终如同航者确定航向一般会将职业目标进行锚定并为之奋斗。相比传统型员工而言，知识型员工的职业锚定的特征如下：一为锚定周期短，这主要来自原有知识积累的专业性迫使其在选择工作前就已经确定了日后的职场规划方向，以及对原有专业的选择和认可使其一直坚持职业方向，并加速职业锚定效果。二为锚定范围小，主要原因有三：首先是基于原有知识的专业性强而增加了知识型员工任意选择职业的门槛；其次是专业知识差异性强提升了其跨行就业的成本；最后是原有专业的投入成本及转行的重新投入成本降低了其跨行择业的概率。三为锚定效果长，这主要源于职业锚定自身具备稳定性，同时伴随知识型员工自身对职业目标的强烈追求及坚定韧性。

本文经过对北京、上海和沈阳三地的 14 名传媒业知识型员工（包含电视台 2 名、广播电台 1 名、报社 2 名、出版社 4 名、杂志社 2 名、网站 2 名、新媒体企业 1 名）以及 3 名传媒研究学者（中国传媒大学 1 名、上海理工大学 1 名、辽宁大学 1 名）的访谈，结合传媒从业者相关文献的研究，本文认为传媒业知识型员工在具备一般性知识型员工的特点以外，鉴于其工作性质（制造或创造传媒产品和文化产品）和所在行业特征（媒体行业、具有舆论引导力等），还具有另外三大特点：

一是具备责任伦理意识。20 世纪 40 年代，西方传媒学界与业界共同指出媒体社会责任问题，称之为媒体社会责任理论，根植于倡导了数百年的自由传播口号，媒体尤其是大众传媒早已深入社会的各个领域，在信息传播与网络体系中的影响最为显著，日益成为对社会稳定及国家发展有重要影响的准权力中心（即公认的"第四种权力"[①]）。媒体的自由行为日渐引发各行各业的声讨，如商业控制下的传媒报刊不得不受制于广告客户的需求而改变创立初衷及产品内容，为吸引受众眼球而倾向于报道浅显或煽情事件等。为此，媒体社会责任论的支持者在报刊自由的基础上声明其需要有新的责任，即报刊拥有知情权；自由必须有前提与限制，完全与绝对的自由是不可取的；报刊也须随时限定并约束其行为。[②] 该理论的提出与阐释成为西方国家设立媒体法规、实施新闻传媒政策及约束媒体人道德规范的重要依据。2016 年 2 月，国家主席习近平在党的新闻舆论工作座谈会中指出，"媒体竞争关键是人才竞争，媒体竞争优势核心是人才优势。要加快培养造就一支政治坚定、业务精湛、作风优良、党和人民放心的新闻舆论工作队伍。"[③] 因此，传媒业知识型员工作为媒介产品的创造者，不仅需要坚守必要的道德规则，恪守相应的伦理规范，而且应该培育与责任相关的德性，并通过社会的道德教育和自身的道德修养将这些道德规则和伦理规范内化为个体的责任伦理品质。

二是兼具人文关怀特征。传媒业知识型员工的人文关怀涉及以下三点：

---

① 基于大众传媒影响力的日益扩大，有学者将大众传媒权力称为与传统的立法、行政、司法权并立的"第四种权力"，而大众传媒机构则被称为"政府的第四部门"。章辉美：《大众传媒与社会控制——论大众传媒的社会控制功能》，《社会科学战线》2005 年第 3 期。

② 郑亚楠：《社会品质与媒介责任——增强舆论影响力之我见》，《现代传播》2002 年第 5 期。

③ 新华社：《习近平总书记主持召开党的新闻舆论工作座谈会并到人民日报社、新华社、中央电视台调研侧记》，新华网：xinhuanet.com，2016 年 2 月 20 日。

其一是尊敬生命、关怀人类。无论是社会物质的丰富还是科技水平的提升，都是为了整个人类共同事业的完善、富足与幸福，因此所有的媒体工作与信息传播都应该为人类发展、个人进步及社会生活服务。其二是公正平等、和平共处，为此传媒业知识型员工需要持有以公平公正的态度去生产及创新媒体产品，立足专业与事实，坚持尊重他人、平等客观以及社会效益为重。其三是把握真实、追求真理，要求传媒业知识型员工在编辑、报道传媒信息时需要把握真实客观报道的原则，避免个人主观色彩，不带偏好倾向加工内容。

三是工作强度及压力大。这主要是由于传媒业知识型员工工作内容（选题内容、报道内容等涉及的行业多）复杂多变、工作时间（工作时间及作息不固定，如各种突发事件、临时采访任务、截稿时间挤压缩短等）弹性大引起的。在当今社会背景下，职业高强度、高压力正成为一个严重的问题，而高强度、高压力在传媒业这一特殊行业表现得尤为明显，在最近几年，几则有关传媒工作者工作状态的访谈与调查中均表明基于较高压力与工作强度下，媒体人中近九成处于亚健康状况。① 传媒行业的工作特性使其知识型员工比其他行业从业者更容易出现焦虑、紧张等情绪，长期处于这种情况中极易产生严重的职业倦怠。

三、知识型员工的相关研究

近年来有关知识型员工的相关研究较多涉及创新行为与绩效、激励手段选择与知识型员工团队构建。

（一）知识型员工的创新行为及绩效

有关研究关注创新行为及绩效的界定、前期影响要素、产生过程与作用等。坎特（Kanter，1988）认为个人创新最初通常是基于个人对事物的看法与态度，随后个人会倾向寻找同盟者的认可与合作，最后在实践中赋予产品更多创新与创意，完成产品生产与服务活动。② 斯科特和布鲁斯（Scott & Bruce，1994）在坎特的基础上扩展了个体创新过程，将其分为三个步骤，分别是：认定问题，涵盖构思创新/编校方案；寻求支持，涉及寻找联盟与

---

① 林海：《媒体人：多管齐下，走出心理"亚健康"》，《中国记者》2013 第 2 期。
② 彭川宇：《知识员工心理契约与其态度行为关系研究》，博士学位论文，西南交通大学，2008，第 28—29 页。

获得认同；创新产品，包括产品化创意和可行化方案。王斌（2007）提出知识型员工创新行为的特性包含明确的目标性、强有力的组织性、紧密的实务连接性及开放的合作性，而相关影响要素则涉及工作设施、团队氛围、酬劳福利、个体心理及知识系统。[①] 齐义山（2010）对知识型员工创新行为进行了如下定义：知识型员工依据自身知识体系及认知态度，对工作中出现的新情况及新问题，提出新颖且有效的解决方案，并实施、推行其想法，涉及更新技术与开发创意、变更调整管理步骤、提升工作效率及强化各方收益，进而实现回报组织的目的。[②]

（二）知识型员工激励手段选择

相关研究主要涉及激励过程与机制、相关影响激励的要素、管理策略的分析与选择。李志与张瑞玲（2005）的研究表明针对知识型员工激励的问题成果虽丰富，可在研究内容及结果讨论方面并未达成一致，且本土化研究较为欠缺。邓玉林（2005）就外在不确定环境的大背景下，认为在选择激励措施时，针对知识型员工更应采取基于实证数据模式的应用与选择。[③] 陈井安（2005）的研究主要针对影响激励的要素做了分析，认为人口统计学要素（如年龄、性别等）对知识型员工的激励起到很大的影响作用。[④] 王小华（2005）主要研究的是组织变革阶段针对知识型员工更应以软激励的手段为主。[⑤] 吴子晨和刘凤霞（2009）则集中在员工激励与绩效评价之间的关系方面，[⑥] 如绩效评估的影响因素、评价手段及方法选择等。[⑦] 综上所述，我国学界就知识型员工激励手段及策略选择方面的研究有如下共同点：一为物质奖励与精神激励并重；二为个体与团体激励应和谐统一；三为长期奖励与短

---

① 王斌：《我国企业科技人才创新行为研究》，博士学位论文，河海大学，2007，第36—37页。

② Kanter R M, "When a thousand flowers bloom: structural, collective, and social conditions for innovation in organization. In B. M. Staw., &L. L. Cummings（Eds.），" *Research in Organizational Behavior*，(Oct. 1988)：pp. 169—211.

③ 邓玉林、王文平等：《基于风险偏好的知识型员工激励机制》，《东南大学学报（自然科版）》2005年第4期。

④ 陈井安、景光仪：《知识型员工激励因素的实证研究》，《科学学与科学技术管理》2005年第8期，第101—105页。

⑤ 王小华：《知识型员工精神激励探讨》，《石油教育》2005第3期，第110—112页。

⑥ 吴子晨：《变革时期知识型员工的激励与管理》，硕士学位论文，内蒙古大学，2005，第8页。

⑦ 刘凤霞：《国内外知识型员工绩效评价研究综述》，《生产力研究》2009第1期，第157—159页。

期激励须分配合理。[①]

（三）知识型员工团队构建方面

王娟（2011）的研究建议针对知识型员工打造高绩效和谐团队须与构建良好融洽的企业环境和文化、组建优势互补的团队成员及轻松开放的工作气氛相结合。[②] 谭静（2011）则基于权变理论，从企业组织与团队成员的不同特点入手，提出在团队合作中对知识型员工的绩效考核标准应有不同选择，需要有的放矢。[③]

此外涉及知识型员工绩效表现的成果也颇丰，周沈刚（2011）就知识型员工绩效同满意度的调查显示，二者呈现正相关结果。任桂芳（2011）的研究显示，知识型员工的组织承诺与工作绩效显著正相关，其中组织承诺各维度都对任务绩效有直接的正向影响，且情感承诺相较于持续承诺和规范承诺，其与任务绩效的相关性更强；知识型员工的组织承诺各维度同周边绩效也有直接关联，其中相比规范承诺，情感承诺和持续承诺与周边绩效的相关性更强。

四、知识型员工研究述评及本书探索方向

从学者们对知识型员工的诸多研究来看，先前研究或着眼于员工创新行为内涵界定、阶段划分及行为特征上，或重点关注知识型员工激励手段及策略选择、团队构建方面。这些研究从知识型员工的特征出发，以提升员工或组织绩效为目标，为该领域研究从无到有、从粗浅到深入打下了坚实的基础。

但已有研究较多关注激励知识型员工的策略，即外部客观因素以及通用型的知识型员工，而较少从积极组织行为学的视角考虑知识型员工的心理活动及具体行业背景、具体职业特征因素下知识型员工的特征。因此，本研究力求填补这方面研究的缺失，从传媒业知识型员工的工作幸福感出发，探索其对员工创新绩效的影响，同时挖掘工作幸福感与创新绩效之间的内在作用机制。黄亮（2013）在其工作幸福感研究展望中也提到，有必要探究影响工作幸福感与员工创新绩效之间的关系，亦应考虑到职场氛围及组织特性的员工心理诉求的中介影响作用。

[①] 李志、薛艳：《我国知识型员工激励研究述评》，《重庆大学学报（社会科学版）》2005年第11期，第117—120页。

[②] 王娟：《知识型员工高绩效团队建设浅析》，《经营与管理》2011年第6期，第25—26页。

[③] 谭静：《基于知识型员工绩效集成评价指标体系构建》，《企业家天地》2011年第1期，第225—226页。

第二节　工作幸福感相关研究

一、工作幸福感的概念

有关幸福的研究从古至今从未间断，但就其界定没有达成一致。有关现代幸福感的相关研究大致将其分为主观幸福感（SWB）和心理幸福感（PWB）两种类型，二者有着截然不同的哲学背景，主观幸福感基于幸福感的传统理论和快乐论，而心理幸福感则是基于现代心理健康双因素模型和实现论。

针对主观幸福感的研究大多认同幸福是个人就其生活及相关方面质量水平的综合整体评价，来源于评论人自身的主观判断。由客观目录理论可知，人们对幸福的追求就是对世间富有价值和意义事物的追求，其中不乏令人满意的工作、美满的婚姻爱情、珍贵的友谊、丰富的教育背景和知识含量等，这些也是完全符合享乐主义和期望理论标准的。客观目录理论并非简单地只是向我们解释什么是幸福，它还提醒我们去全面地评价我们的感觉和愿望。不少信奉快乐论的幸福感研究者大都支持迪纳（Diener）主张的主观幸福感（Subjective Well-being）概念，对其的界定为人类就自身及生活的整体认知评价与感情体会。布拉德伯恩（Bradburn，1969）主张幸福评估是有感情倾向模式的，提出正、负两种情感体验是相互关联又相对独立的维度，幸福感不仅包含积极情感，而且相比消极情感，积极情感的作用更重要。迪纳（1984）认为主观幸福感是被试者依据自身理解来对个人生活等的整体质量评价。此外，幸福感的部分特性相对稳固，不轻易被外界改变，而且评价时不仅要考察积极情感的发生频率，更要考虑积极情感的作用强度。在 2000年，迪纳对主观幸福感的研究有了新的变化，他认为情感体会的强度不应同主观幸福感合并考量，毕竟当个体对快乐幸福的感知强度不高时，但若持续感到幸福，也会拥有强烈的幸福感。同时认为主观幸福感由生活状态满意、感情愉悦及较低程度的非愉悦感受构成。他还构建了主观幸福感的维度，涉及基于全球评价的生活满意程度、对工作及家庭等的满意度、积极感情体感的频次、较少的消极/非愉悦感受。其中，情感体会和认知水平是主观幸福感的核心因素。

随着主观幸福感研究的深入，此概念逐步进入工作情景等相关领域的研究，进而对其有了新的界定，一般特指组织员工就工作中的积极情感的体会和认知水平的评价。可见这一概念的新变化包括组织员工就工作本身及环境氛围等诸多方面的整体考量，因此其维度也有了新变化，诸如工作时长与任务量、工作环境的舒适程度、人际关系及领导风格、提升空间与发展程度等。当然组织员工也必须对其工作本身及环境做一个整体的感知评价，一般认为这是员工对工作各方面满意程度的综合表现，是总体特征的满足程度。主观幸福感研究者大多认同工作幸福感是主观幸福感的扩展与延续，将其应用于职场工作范畴，是员工就工作中各方面的积极心理认知与情感体验，同工作满意度、工作—生活平衡等变量相比，工作幸福感的外延更为宽泛，内涵也相对丰富，并主张工作情境中的积极态度。"Toward Better Work and Well-Being"会议于 2010 年 2 月在芬兰召开，其倡导的主题就是积极开发工作中的幸福感受，会议对工作幸福感的界定分为两种：其一是指员工对安全舒适的工作氛围、匹配职位的个人能力、融洽的领导及同事关系、健全的管理制度与组织形式、个人所获得的认同与帮助、较高的工作价值感受等的体验；其二是指工作内容及形式符合个人诉求，同时工作氛围与环境安全且舒适，具有和谐互助的人际关系等。[①]

随着研究的深入，学者们认为基于情感认知的主观幸福感不能全面深刻地揭示幸福感的本质，从基于实现论的角度出发，在现代心理健康双因素模型的基础上，提出了心理幸福感（Psychological Well-being），其主要基于自我发展和个人实现的视角。由自我决定理论出发，可以看出工作幸福感的产生是以自我价值实现的满足作为前提的。作为个体心理健康的基本"营养"——自主需求、胜任需求和关系需求的极大满足会更易于员工接受并吸收相对单一枯燥的工作，完成并实施自我决定行为，由此感受自我价值的实现与工作的快乐感。[②] 相关文献也证实三大心理需要的满足将深刻关系到个体的工作幸福感、心理变化及行为绩效等方面，如伊拉尔迪、利昂、卡斯尔和瑞安（Ilardi, Leone, Kasser & Ryan, 1993）[③] 的研究显示，在自主、胜

---

① 艾伦·卡尔：《积极心理学》，郑雪译，中国轻工业出版社，2008，第 1—28 页。

② 王艇、郑全全：《自我决定理论：一个积极的人格视角》，《社会心理科学》2009 年第 2 期，第 11—16 页。

③ Ilardi, B. C., Leone, D., Kasser, T., & Ryan, R. M., "Employee and supervisor ratings of motivation: Main effects and discrepancies associated with job satisfaction and adjustment in a factory setting," *Journal of Applied Social Psychology* 23 (1993): pp. 1789—1805.

任及关系需要方面得以较大程度满足的个体更容易展现出乐观的工作态度、积极的幸福感受，因此认为工作幸福感的体验在一定程度上取决于个体对与工作自主性、个人能力展示及工作关系融洽度的满足上。[①]

沃特曼（Waterman，1993）表示不能仅以享乐主义中的快乐感来评价幸福感，幸福感在一定意义上将是个体自我实现与调节的过程，只有个体寻求到最佳自我价值实现的工作时，才可充分收获幸福感受。同时，将幸福感做了划分：其一是自我能力发挥的幸福感受，可以理解为员工充分挖掘自我能力时所体验到的潜能发挥愉悦感；其二指的是充分体验的幸福感受，在积极投入实力、发挥个人能力后收获的需求满足程度。瑞夫（Ryff，1995）通过搜集与归纳影响心理幸福感的诸多要素后，指出心理幸福感应包含六大维度，分别是自我接受水平、工作自主性、环境氛围控制、积极健康的人际关系、个人能力提升和生活价值体现。该理论实现了心理幸福感的可操作化，同时还分析得出提升幸福感受的各大因素。

基于研究目的与标准的迥异，目前针对工作幸福感的界定意见不一。埃弗拉特和瑟吉（Efraty & Sirgy，1999）认为工作幸福感是个体对工作中主观理想及满足程度的认知与评价。奇瑞和约翰（Chery & Johns，2001）基于工作幸福感的维度构成，认为其指的是个体对工作相关领域认知与理解的结果，构成包含工作氛围、升值空间、福利待遇、人际关系及组织制度。琼·艾文·霍姆（Joan·Evan·Hom，2004）主张工作幸福感是个体基于工作场景中感受到的满意度，诸如个人才能的体现、工作价值的感受和收入福利的获得。帕赫（Page，2005）则倾向于工作幸福感是个体基于工作的幸福感受与体验，是对主观幸福感的有效补充。凯瑟琳· 帕赫、戴安娜·A、贝拉·布罗德里克（Kathryn M. Page, Dianne A. & Vella Broderick，2009）则表示工作幸福感是员工在工作场景中积极心理状态和身体健康状况的综合映射，在评价个体心理健康中起到一定作用。

国内研究依据中国情境的独特性，对工作幸福感也做了相应解释。郑国娟与张丽娟（2006）指出作为生活满意感的一个侧面，工作幸福感指员工在工作场景中的感受、认知及评论，涉及针对职业场所及相关层面的总体体会。栾晓琳（2008）主张工作幸福感是员工对工作各方面的综合认知与评

---

① 露西·曼德维尔：《幸福感才是最重要的事情》，孔秀云译，江苏人民出版社，2015，第116 页。

价，涉及积极工作投入状态及消极工作倦怠程度。苗元江（2009）将其界定为个体针对具体工作中各领域及方面的感受、感知、体验及评价。吴琪（2011）将工作幸福感定义为个体在工作中获得的奖赏及收入、在展示个体实力后收获的自我实现满足程度。

当前学界对工作幸福感的探究可总结为三大类型，分别是主观幸福感、心理幸福感及综合两类幸福感，而综合两类幸福感的研究正趋于主流，将会是工作幸福感研究的主要发展方向。[①] 综合型工作幸福感将企业员工的工作幸福感界定为员工在工作中的体验（Experience）及效能（Functioning）的总体质量，[②] 最典型的当属瓦尔尔（Warr）和凡·霍恩（Van Horn）的相关研究。[③] 瓦尔尔主张员工工作幸福感不仅涵盖情感因素（主观幸福感视角所强调的），还包括行为因素（涉及工作愿景、工作胜任感及工作自主性，三者与心理幸福感视角下的工作成长、工作目标及任务自主性相一致）。凡·霍恩等在瓦尔尔的研究基础上，强化了两种幸福感的关联，主张员工工作幸福感还包含职业认知、社会关系及心身统一等要素，同时认为员工工作幸福感包括五大维度——情绪幸福感、职业幸福感、社会幸福感、认知幸福感及心身幸福感：首先，情绪幸福感对应瓦尔尔研究中的情感因素及心理幸福感提及的自我接纳；其次，职业幸福感对应瓦尔尔研究中的行为因素及心理幸福感提到的工作成长、工作目标与任务自主性；再次，社会幸福感对应心理幸福感提到的环境控制及人际关系；最后，认知幸福感和心身幸福感为增加的两大维度。[④] 在社会交换理论基础上，霍曼斯（Homans，1958）基于行为心理科学的相关研究结论，将人们的行为看成是员工之间的赏罚互动或交换，此观点再次佐证了社会幸福感维度的价值所在。

虽然前人对综合型工作幸福感的研究已有不少探索，但却存在进一步研

---

① Page, K. M., Vella-Brodrick, D. A., "The 'What', 'Why' and 'How' of Employee Well-being: A New Model," *Social Indicators Research*, no. 90 (Mar. 2009): pp. 441—458.

② Grant, A. M., Christianson, M. K, Price, R. H., "Happiness, Health, or Relation-ships? Managerial Practices and Employee Well-being Tradeoffs," *Academy of Management Perspectives*, no. 21 (Mar. 2007): pp. 51—63.

③ Van Horn, J. E., Taris, T. W., Schaufeli, W. B., Schreurs, P. J. G., "The Structure of Occupational Well-being: A Study among Dutch Teachers," *Journal of Occupational and Organizational Psychology*, no. 77 (Mar. 2004): pp. 365—375.

④ Warr, P. B., "The Measurement of Well-being and Other Aspects of Mental Health," *Journal of Occupational Psychology*, no. 63 (Mar. 1990): pp. 193—210.

究的必要：其一是有关情绪幸福感的界定不够准确，涉及员工情绪感知及工作内容评价；其二是工作自主性到底是否应该纳入职业幸福感仍值得商议，毕竟不少研究也表明员工工作自主性应是工作幸福感的前提条件或影响因素之一；其三是心身幸福感可否列入工作幸福感维度范畴，毕竟其来源于流行病学，适用于员工因工作导致的身心变化后的评估与评价，列入员工工作幸福感维度内有失偏颇，且对员工工作幸福感的概念界定与研究范围产生不利影响。

为保持与综合型幸福感的研究视角①相一致，特将传媒业知识型员工的工作幸福感定义为传媒业知识型员工在工作中的体验及效能的总体质量。

二、工作幸福感的结构维度与测量

（一）工作幸福感的结构维度

1. 主观幸福感基础上的工作幸福感维度

这种视角源于幸福感的传统理论和快乐论，边沁的快乐论认为幸福涉及三方面，即快乐的（Pleasant）、充实的（Engaged）和有价值的（Meaningful）幸福生活。可见幸福感不仅仅取决于快乐的主观积极感受，还应包括内在的个人因素、态度及外在的环境及人际关系等。赖特和克罗潘扎诺（2004）认为主观幸福感基础上的工作幸福感是个人在工作中的感受、认知及评价，布雷托内斯和冈萨雷斯（Bretones & Gonzalez，2011）认为主观幸福感基础上的工作幸福感维度涵盖积极感知与消极感知，迪纳（Diener，2004）做了进一步补充，强调员工还需对工作进行整体评价获得工作满意度，以及评价工作中的多个方面。布雷托内斯和冈萨雷斯谈到的是员工对工作的情感认知与评价，迪纳则强调需要对工作本身做出判断与评价，即工作是否令人满意。基于工作满意度研究的相关成果，早在 1935 年霍波克（Hoppock）就指出多维结构分析是其发展的趋势，之后相关研究者就其内容提出不同意见。如最初工作满意度被认为是单一维度（Vroom，1964；Price，1972），界定其为对工作的全面满意程度。随后部分研究者塞巴斯廷和罗斯曼（Sebastian & Rothmann，2008）指出基于工作满意度，职场压力、组织包容性及工作倦怠等也应纳入工作幸福感维度的研究中。国内研究者邓

---

① Grant, A. M., Christianson. M. K., Price, R. H., "Happiness, Health, or Relationships? Managerial Practices and Employee Well-being Trade offs," *Academy of Management Perspectives*, no. 21 (Mar. 2007): pp. 51—63.

波与马占杰（2008）主张主观幸福感基础上的工作幸福感涵盖四大维度——工作安全感、组织承诺、心理所有权及全面薪酬。杨欣欣（2009）指出家庭支持维度也应纳入工作幸福感维度研究，并通过实证进行了相关系数的检验。

2. 心理幸福感基础上的工作幸福感维度

这种视角源于亚里士多德的自我实现论及现代心理健康双因素模型。基于实现论哲学观点的心理幸福感，是以自我决定理论为前提的。主要聚焦于个体的实力及潜在能力能否发挥，并基于生活—工作目标与个体成长构建评估模型。[①] 在现代心理健康双因素模型的基础上，基耶斯（Keyes）提出的积极心理健康模型，[②] 包含了积极情绪体验（对应主观幸福感基础上的工作幸福感）、积极心理功能（可以理解为心理幸福感）和积极社会功能（可以理解为社会幸福感），并揭示出人们对心理健康的理解即是对幸福感的追求。该领域内研究成果基本相似，大都基于瑞夫的心理幸福感界定进行扩展研究，主张工作幸福感涉及六大维度（瑞夫和基耶斯，1995）：工作自主性、任务目标、自我接受、环境控制、个体成长与人际关系。国内研究者文峰（2006）认为国内员工特征异于国外员工，提出基于国内情境的员工工作幸福感七大维度，包含工作价值、收入福利、自我接受、发展空间、环境驾驭、人际关系和自主性。学者许用（2008）在对澳门公务员进行的实证研究基础上认为员工工作幸福感包含五大维度：工作满意感、任务目标、福利回报、人际关系和自我接纳。

3. 主观幸福感和心理幸福感综合型的工作幸福感维度

综合型工作幸福感维度的研究是在快乐论与实现论哲学视角的有机融合，代表学者瓦尔尔早在1987年就着手研究综合型工作幸福感，强调其不仅包含情绪因素亦包含行为因素，诸如工作中的情绪体验（包含正面的积极快乐及负面的消极抑郁）、工作胜任感、工作自主性、意愿与愿望及员工综合能力，较为成功地合并了两大幸福感研究。霍恩在2004年延伸并加强了两种幸福感的综合性研究，针对荷兰教师进行了工作幸福感测量，开发了相应的测量量表，包含五大维度：情绪幸福感、动机、社会幸福感、认知幸福感（涉及对新近知识的吸收能力和驾驭水平，可否认真进入工作状态）和身心幸福感。对该量表的分析如下：首先，情绪幸福感对应瓦尔尔研究中的情

---

① Carol D. Ryff, "Psychosocial Adjustment Among Cancer Survivors: Findings From a National Survey of Health and Well-Being," *Health Psychology*. No. 28 (Feb. 2009): pp. 147—156.

② Keyes C L M, "Promoting and protecting mental health as flourishing: A complementary strategy for improving national mental health," *American Psychologist*, no. 62 (Feb. 2007): pp. 524—536.

感因素及心理幸福感提及的自我接纳；其次，职业幸福感对应瓦尔研究中的行为因素及心理幸福感提到的工作成长、工作目标与任务自主性；再次，社会幸福感对应心理幸福感提到的环境控制及人际关系；最后，认知幸福感和心身幸福感为增加的两大维度。亚当（Adam）也认可了前人观点，并在其2007年的研究中指出员工工作幸福感涉及心理、生理及关系三个相互关联的层面。国内研究者郭杨（2008）认为工作幸福感包含七大维度，分别是工作目标、收入报酬、坚持乐观、关系认可、工作—生活平衡、激励措施与环境和谐。其中关系认可同自我决定理论中的关系需求满意度一致，是工作情景中的体现，该理论有力佐证了社会幸福感维度的重要价值。且当个体在工作中三种基本心理需求满意度（关系需求满意度、自主需求满意度和胜任需求满意度）达到较高水准的话，个体自我动机将偏向自我决定与突破，且共同决定了个体的幸福感。

国内学者黄亮（2014）[①] 在总结综合型工作幸福感的基础上，编制开发了适合中国情境下企业员工的工作幸福感测量量表，将员工工作幸福感维度设定为四个，分别是情绪幸福感、职业幸福感、社会幸福感和认知幸福感，对应于工作场所下的积极与消极情感体验；个人发展、工作胜任与环境接纳、人际关系与领导认可、自我认知与认同效果。与前人研究结论保持一致，情绪幸福感同主观幸福感研究中的情绪认知与情感体验相对应，职业幸福感同心理幸福感研究中的个人发展、工作价值及自我接纳保持一致，社会幸福感同心理幸福感研究中的人际关系与环境驾驭一致，认知幸福感同主观幸福感研究中的个体工作认同相对应。本书也将以黄亮的综合型工作幸福感的维度划分为参照，进行后续研究。

但基于已有研究，综合型工作幸福感的研究成果还比较少，且对其概念的界定与维度的划分依然没有实现统一。科里（Corey）针对心理幸福感及主观幸福感进行了两者的结构效度关联研究，并提出了相对契合的结构模型。该研究指出虽然二者是基于不同的心理功能而表现出不少差异，但随着研究的深入，整合与综合是未来的发展趋势，也只有综合型工作幸福感才能更为准确深入地解释幸福感的真谛。[②]

---

① 黄亮：《中国企业员工工作幸福感的维度结构》，《中央财经大学学报》2014年第10期，第84—92、112页。

② Corey L. M.，Keyes，"Optimizing well-being: the empirical encounter of two traditions," *Journal of Personality and Social Psychology*，no. 82，(Oct. 2002): pp. 1007—1022.

本书将工作幸福感的结构维度总结如下，见表2-1。

表2-1 工作幸福感的结构维度

	主观幸福感基础上	心理幸福感基础上	综合型
代表人物	Diener、Bretones、Gonzalez Wright、Cropanzano、Sebastiaan Rothmann、邓波、马占杰、杨欣欣等	Ryff、文峰、许用等	Warr、Horn、郭杨、黄亮等
工作幸福感维度	1. 积极情感、消极情感、工作满意度；工作满意度、职业压力、工作倦怠、组织融合性； 2. 心理所有权、组织承诺、工作安全感、全面薪酬； 3. 心理所有权、组织承诺、工作安全感、全面薪酬、家庭支持。	1. 自主性、环境驾取、个人成长、人际关系、工作目标、自我接受； 2. 工作价值、福利待遇、发展前景、环境驾取、自我接受、人际关系、自主性； 3. 工作满意感、人际关系、工作回报、工作目标、自我肯定。	1. 情绪体验、期望、胜任感、自主性、情绪、动机、社会性、认知幸福感、心因性身体症状； 2. 情绪、动机、社会学、认知幸福感、心因性身体症状； 3. 薪酬满意、坚韧乐观、工作生活平衡、内部激励、民主和谐、工作认可、工作胜任； 4. 情绪幸福感、职业幸福感、社会幸福感、认知幸福感。

（二）工作幸福感的测量

目前国内外研究者针对工作幸福感的测量研究并不十分丰富，且并未达成共识。不少工作幸福感的测量量表都借鉴了其他相关变量的测量量表，如工作满意度量表、工作情绪测量量表等。胡赫塔拉（Huhtala，2007）在探究员工工作幸福时，分析了与之紧密相关的工作敬业度与工作倦怠。阿尔弗雷德（Alfred，2009）的研究则将工作满意度、工作活力及工作投入奉献纳入工作幸福感的测量研究。汉斯（Hans，2010）也参考了工作满意度及工作倦怠两个变量。国内研究者冯冬冬通过工作满意度、积极心理及身体健康程度来探讨工作幸福感，研究结果指出是否安全的工作环境会影响员工的工作绩效及工作幸福感受。苗元江（2009）综合了两大幸福感，编制了适合本土情境的《综合幸福感问卷》（MHQ）并取得了较好的研究结论。白少君、徐颖（2010）采用深入访谈、问卷调查、行为测量等方法进行了针对员工工作幸福感的实证研究。相比而言，访谈与问卷相结合的研究方法便于操作，结果更加稳定，前者偏重定性研究，后者擅长定量分析，两相结合，可以实现真实、客观的研究。

索尼娅·柳博米尔（Sonja Lyubomirs）的研究指出虽然研究对象幸福

感的体验程度、来源出处各有不同，但每个人都能表达对于幸福的感受程度，因此通过自我陈述的方式获取幸福感测量结果却有失偏颇，毕竟主观评价不能完全替代客观标准的评判。为此，针对工作幸福感的测量需要更为精准、客观与完整，研究者若将主观评价与客观测量结合起来，将得到相对理想的测量结果。目前有关工作幸福感的测量主要包含自我评价、观察者/知情者陈述、生理反应测试、工作任务检测及轴线测量法。

1. 自我评价法

涉及单项选择与多项选择进行工作幸福感水平的测量与评价。其中，单项选择量表是以图画或文字为主要测试题，通过对被试者的问答来获取其对工作幸福感的体会与评价。例如，安德鲁斯和威西（Andrews & Withey）在 1976 年开发的图形测量量表——以人物面部表情为主。而文字为主要测试题的量表一般采用李克特等级量表进行填答。多项选择量表则针对员工的正面或负面情绪体验、对工作的整体感受或满意程度等进行检测，代表性量表有布拉德伯恩（Bradburn，1969）开发的情感平衡量表（Affect Balance Scale，ABS）、伯克（Burke）等（1988）编制的工作情感量表（Job Affect Scale，JAS）、沃森（Watson）等（1988）编制的积极与消极情绪量表（Positive And Negative Affect Scale，PANAS）、凡·库克（Van Katwyk，1995）编制的与工作有关的情绪幸福量表（Job-related Affective Well-being Scale，JAWS）和费希尔（Fisher，2000）开发的工作情绪量表（Job Emotional Scale，JES）。除此之外，明尼苏达工作满意度量表（Minnesota Satisfaction Questionnaire，MSQ）、工作描述指数（Job Description Index，JDI）与需求满意度问卷（Need Satisfaction Question-naire，NSQ）也对多项检测量表起到了补充作用。斯通（Stone）于 1999 年提出了新的测量工作幸福感的方法——体验抽样法（Experience-Sampling Method，ESM），较好地降低了被调查者因记忆缺失或不完整出现的结论失误。随后，卡尼曼（Kahneman）对 ESM 方法进行了改进，研发出 DRM 方法。

自我评价者在感知及表述个人幸福感程度时，为趋于社会期望水平会不自觉地得出相对虚假的结论，为此，不少研究者指出要采取适当干预与预防，采取内隐测量来获取真实的幸福感认知数据，代表性的检测方法有沃克（Walker，2008）开发编制的内隐联结检测（Implicit Association Test，IAT）。

2. 观察者/知情者陈述法

基于自我评价法无法避免的不足，为获取真实数据，研究人员不断开发编制出更加适合客观获取幸福感检测数据的方法。知情者陈述法依据的是比较了解被调查者的亲朋好友、同事同学及工作伙伴，通过其客观的评价及有关信息的提供来获取、判断被调查者的幸福感水平与程度。该方法获得的数据信息与评价结果同自我评价法检测的结论相比，共同得出相对客观的调查数据，能够更加全面地了解被试者的幸福感水平。

观察者陈述法又名专家测评法，通过对陌生的被试者进行了解沟通，获取相关资料信息，能够实现相对客观地评价被试者的感受、体验、认知及态度，据此测量评价被调查者的幸福感水平。通过使用面部动作编码系统（Facial Action Coding System，FACS），观察者可以依据面部表情的变化解释被试者的内心活动及幸福感水平。熟练掌握该方法的测评者甚至可以依据被调查者面部的肌肉形态变化来判断其内心的情绪变化与情感特征。

3. 生理反应测试法

观察者通过对被调查者的心跳水平、血压血脂指数、体温变化、口水中特定成分、呼吸快慢与频率等数据的检测来判断其情绪的变化（Cacioppo et al，2000）。而生命科学及神经脑科学的进步也在一定程度上提升了针对工作幸福感的检测水平。如戴维森（Davidson，1992）的研究指出脑部的数据变化与个体的心理感知、情绪水平相关，如借助脑电波（Electro-encephalogram，EEG）扫描方法获取的脑电波变化图及依据核磁共振显像（Magnetic Resonance Imaging，MRI）技术探知的脑部活跃程度可轻松判断被调查者的内心情绪活动与情感类型。深入研究后，可精准发现人体大脑中哪个部位或区域与个体幸福感体验对应。威斯康星大学教授理查德·戴维森（Richard Davidson）的研究具有代表性，他通过脑电波探测并获取被调查者的脑电图，同其自我陈述的结论相比较，得出当人们积极情绪体验较强时，大脑的左前侧活动更明显；而当人们消极情绪体验较强时，大脑右前侧活动更显著。[1]

4. 工作任务检测法

主要是基于被试者对情绪敏感任务的反应程度来判断其对工作幸福感的感知水平。塞德利茨和迪纳（Seidlitz & Diener，1993）要求被试者在最短时间范围内回忆并描述其工作或生活中愉快的瞬间及经历，基于此认定被调查者的情绪体验程度。拉斯廷（Rustin，1998）则通过被调查表述的词语来关联其内心的情绪变化，最终判断其幸福感水平，调查的依据是幸福感强烈

---

① 理查德·莱亚德：《幸福感的社会》，侯洋译，浙江人民出版社，2015，第17页。

的被试者倾向更多积极情感的词语来描述自身体会。

5. 轴线测量法

目前大多数有关工作幸福感的测量都与工作满意度、工作投入度等积极心理量表相关，同时也参考职业紧张、工作抑郁等量表。瓦尔尔在1987年探索出对西方工作幸福感研究具有推动作用的幸福感检测三大轴线，水平轴线表示情感的愉快或不愉快（采取正负表示），垂直轴线代表情感的唤醒状态。而三条轴线则是检测被试者幸福感高低水平的依据，具体来说横轴表示情绪从愉快到不愉快；处于二四象限的轴线表示从焦虑到舒适；处于一三象限的轴线表示从热情到抑郁。随后瓦尔尔在1990年又在轴线测量法的基础上编制了工作抑郁量表（Job-related Depression-Enthusiasm Scale）与工作焦虑量表（Job-related Anxiety-Contment Scale）。横轴用来检测被试者的整体工作满足程度，基于被调查者对工作的愉快程度体验来判断，该方法广泛地应用于早期的工作幸福感测量。二四象限的轴线则以工作焦虑量表得以检测，相关考察词语包含不安、忧虑、开心和轻松等，通过对不同词语的感知次数来判断被试者的焦虑程度。一三象限的轴线通过工作抑郁量表得以检测，相关考察词语涉及沮丧、郁闷、快乐和乐观等，基于不同词语的感知次数来考量被试者的抑郁程度。具体如图2-1所示。

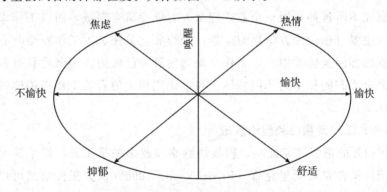

图 2 - 1　工作幸福感的轴线测量法

资料来源：Peter Warr，"A conceptual framework for the study of work and mental health," *WORK & STRESS*，no. 8（Feb. 1994）：pp. 84—97.①

本书将工作幸福感的测量方法总结如下，见表2-2。

---

① 林韦香：《80后知识型员工工作幸福感、情感承诺与离职倾向的关系研究》，博士学位论文，浙江财经大学，2013，第12页。

表 2 - 2　工作幸福感的测量方法

自我报告法	知情者与观察者报告法	心理测量法	任务测量法	轴线测量法
单项量表				
情感平衡量表		心率		
积极与消极情感量表		心动加速率		
工作情绪量表		血压		愉快—不愉快
工作情感量表	知情者观测	体温	快乐体验回忆	焦虑—舒适
工作相关情感幸福量表	面部动作编码系统	呼吸频率	积极情感词语辨识	抑郁—热情
体验抽样方法		皮肤导电系数		
工作描述指数		脑电图		
明尼苏达工作满意度量表		核磁共振成像		
彼得需求满意度问卷				

资料来源：本研究根据文献整理。

三、工作幸福感的作用结果

时代的进步日益要求人们更加注重生活品质的提升及健康心理的培育，而现代幸福感研究正是在这样的背景下诞生与发展的。如今幸福感的相关研究不断延伸扩展至企业管理及人力资源研究领域，而以工作幸福感提升为主要目标的西方学界与业界，纷纷成立关注员工工作安全与心理健康的管理部门及研发中心，工作幸福感的研究已成为各国培育具有积极人格、健全心态的员工的热门领域。与本研究相关的有关工作幸福感的研究总结如下：

(一) 工作幸福感和组织承诺

国内外的很多研究证明，积极情感感知越多的员工其组织承诺水平越高。国外学者弗雷德里克森（Fredrickson，1998）认为积极情绪可以更好地开发员工的工作积极性与工作投入度，基于员工物质及精神方面的奖励所带来的积极体验与工作状态能够显著提升员工的工作绩效、强化其组织公民行为，降低工作倦怠与缺勤离职比率。休伊·明·曾（Huey Ming Tzeng，2002）的研究也赞同工作幸福感的提升会显著降低员工的离职倾向。国内研究者肖琳子（2006）认为工作幸福感与组织承诺的关系显著，且通过实证表明工作幸福感可以正向预测情感承诺等。魏钧（2009）提出知识型员工对于组织的认同与其积极的情绪体验有关。

（二）工作幸福感和工作满意度

二者均是个体的内心感受，但工作幸福感更倾向于员工在工作中的体验和效能的总体质量，是员工基于自身心理评价准则对工作中的各个方面进行的整体评价，内容涵盖组织制度、工作环境等。工作满意度更加偏向被试者对工作的主观感受，涵盖的范围远不如工作幸福感广泛。因此在一定程度上可以认为，工作幸福感包含工作满意度。同时工作幸福感更涉及工作认知判断和个体情绪体验，二者可作为工作满意度的前因变量。赖特和克罗潘扎诺（2000）认为相比工作满意度来说，工作幸福感涉及的领域更为宽广，不仅考察基于工作内容、收入薪酬及人际关系的满意程度，更包含认知评价及情感体验等部分，因此其提出工作描述问卷（Job Deseription Index）与明尼苏达满意度问卷（Minnesota Satisfaction Questionnaire）缺乏对工作中情绪的判断检测。康诺利（Connolly，2000）的研究证实具有明显情绪特征会导致工作满意水平及程度的变化。鲍林（Bowling）等（2008）的研究也指出积极情绪体验与消极情绪感受对员工本身的工作、收入发展、人际关系等满意度有明显的正向与负向影响。

（三）工作幸福感和工作绩效

大量的研究显示：员工的工作幸福感与个体、组织的绩效呈明显的正相关。哈佛的相关调研数据显示，提升员工工作幸福感3％将会推动5％的客户满意度；调查结果也支持工作幸福感较高的组织（员工工作幸福感超过80％）的绩效利润水平高于其他组织近20％。密歇根大学的格雷琴·施普赖策等人的研究结论指出，幸福感高的员工其工作绩效较之其他员工高出16个百分点，同时职业倦怠的发生比率低于其他人125％。[①] 斯塔夫等人（1994）针对200个员工进行调查，结果显示幸福感强烈的被试者更易获得较高的收入与绩效评价。[②] 伯纳德和阿杰伊（Bernard & Ajay，1995）就销售员的调查显示，工作满意度的提升有助于其提高工作投入度、工作能力及绩效水平。赖特、罗素和克罗潘扎诺（Wright，Russell&Cropanzano，2000，2004）持续进行工作幸福感与工作绩效的研究，认为工作满意度与心理幸福感在一定程度上均可影响员工绩效，同时心理幸福感涵盖的内容更宽

---

① 荣鹏飞 等：《员工幸福度的管理现状、影响因素及对策研究》，《中国人力资源开发》2012年第8期。

② 王佳艺、胡安安：《主观工作幸福感研究述评》，《外国经济与管理》2006年第8期，第49—54页。

泛，因而影响程度更大。随后主张心理幸福感不仅可以提升员工绩效，更可提高组织的整体绩效水平，同时心理幸福感的提升会降低员工的缺勤率与离职率，并与员工身心健康有关。雪莱和周（Shalley&Zhou）等（2004）在众多影响员工创新绩效的个体因素中，认为快乐的员工会有更好的创新表现，工作幸福感的提升有助于促进员工创新绩效的改善。① 柳博米尔斯基（Lyubomirsky）等（2005）基于 365 项研究中的 423 个独立样本进行元分析，研究显示工作幸福感与工作绩效的相关系数高达 0.53，即说明工作幸福感高的员工将表现更高的工作绩效水平。② 国内学者在近些年也开始针对工作幸福感与工作绩效的关系进行探究。黄亮（2015）通过问卷调查我国企业 73 个工作团队的主管及其 355 个下属，从个体自我表征理论和情境力量理论相整合的视角，构建了一个多层次被调节的中介模型，以探讨员工工作幸福感与创新绩效的关系，探索出基于员工工作幸福感与创新绩效之间的心理中介变量和情境调节变量。③ 谢爱武（2010）针对领导管理者进行工作幸福感与工作绩效的关系研究，实证结果表明工作幸福感的各个维度均可影响工作绩效。陈亮与孙谦（2008）针对河南、河北两地事业单位的工作人员进行了主观幸福感与周边绩效的关系研究，发现二者显著相关，实证结果表明主观工作幸福感提升 1%，周边绩效增加 0.681%。④ 王辉（2003）通过调研发现工作幸福感对工作绩效存在正向影响。⑤

四、工作幸福感研究述评及本书研究方向

基于前人的研究成果，可见在哲学及心理学领域幸福感研究较为完整，包含概念界定与检测标准，同时多次广泛且成功地试用于人们生活的各个领域。目前工作幸福感在企业管理学、组织行为学等领域的研究与探讨还处于

---

① Shalley, C. E., Zhou, J., Oldham, G. R., "The Effects of Personal and Contextual Characteristics on Creativity: Where Should We Go from Here?" *Journal of Management*, no. 30 (June. 2004): pp. 933—956.

② Hannu Anttonen, Harri Vainio, "Towards Better Work and Well-Being-An Overview," *Joem*, (Dec. 2010): pp. 1245—1247.

③ 黄亮、彭璧玉：《工作幸福感对员工创新绩效的影响机制——一个多层次被调节的中介模型》，《南开管理评论》2015 年第 2 期，第 15—29 页。

④ 陈亮、孙谦：《主观工作幸福感与周边绩效关系》，《人才开发》2008 年第 12 期，第 12—13 页。

⑤ 王辉、李晓轩、罗胜强：《任务绩效与情境绩效二因素绩效模型的验证》，《中国管理科学》2003 年第 4 期，第 79—84 页。

初期，大多数成果也源自国外，部分研究结果有力支持了工作幸福感与员工绩效的强相关性，但基于组织视角的探究仍显必要，需要深入挖掘。同时，综合两种幸福感研究的成果并不丰富，对于综合型工作幸福感的概念界定、维度划分及结构内涵等都未达成共识，为更准确全面地剖析工作幸福感，综合两种视角的研究更为迫切。加上当前大部分研究集中于普遍意义上的员工工作幸福感，而充分考虑社会环境、文化差异，基于中国情境的实证研究较少，针对知识型员工的工作幸福感研究更少，基于特定行业所进行的知识型员工工作幸福感的研究更为少见。

为此，本研究基于中国传媒业的特定情境，探索知识型员工工作幸福感对创新绩效的影响机制，为传媒业管理者提高知识型员工创新绩效的管理实践提供借鉴。

第三节　组织承诺相关研究

一、组织承诺的概念与维度

组织承诺含义的发展经历了不同的阶段，不同的学者做了不同的概念界定。这些定义主要有：单方面投入型、目的统一型、情感型、归属型、规范型、计量型、价值判断型、持续型及理想型承诺等。在裁员、远程沟通、并购以及全球化等新环境下，组织承诺作为研究和关注的一个非常重要的课题重新出现。一些学者把组织承诺看作是对 21 世纪的一个主要发展目标。面对组织承诺构成认知的不一致，同时伴随组织不同阶段中与组织员工关系的不同，组织承诺的界定有着不同的侧重点，但趋同的发展使其由一维界定发展为多维描述。

研究者法约尔及韦伯在早期就关注到员工组织承诺的显著作用，在 1960 年组织承诺这一研究对象进入了学者的研究视域，有了自己的概念界定，被初步定义为员工为留在组织中而持续回报组织的一种心理表现。[①] 赫比雷尼亚克和阿卢托（Hrebiniak&Alutto，1972）基于贝克尔（Becker）的研究，指出组织承诺为一种心理态度，是员工在组织中持续投入后获取利益

---

① Becker，H. S，"Notes on the concept of commitment，"*Amercian Journal of Sociology*，no. 66（Jan. 1960）：pp. 32—40.

等的认知状态。① 随后布坎南和波特（Buchanan②&Porter）等（1974）③ 表示组织承诺是员工基于组织状态、组织发展、组织观念等的认同及情感依赖。莫迪（Mowday）等（1979）则认为组织承诺是员工对组织的认同及回报的水平。④ 之后他对组织承诺做了延展性研究，指出组织承诺的实质是员工基于组织的依赖及感情投入程度，是员工与组织及组织相关系统的密切联系程度。在一定程度上对组织的态度承诺等同于组织承诺。⑤ 随后将组织承诺做了重新定义，指出其是员工对组织的一种肯定态度及投入状态，并指出前提假设：员工对组织发展方向及信念标准的强烈认同；员工甘愿为组织的发展进步牺牲个人时间与精力；对成为组织一员感到自豪与骄傲。

作为组织承诺的单因素理论，虽基于不同视角描述界定了组织承诺，但实际上，员工与组织的关系除了利益问题，还应涵盖情感因素及责任意识。

研究者迈耶和艾伦（Meyer&Allen，1984）基于前人的研究成果，依次提出持续承诺（依据贝克尔的研究）、情感承诺（依据布坎南和波特的研究），构建了二维的组织承诺理论。⑥ 安格尔和佩里（Angle&Perry，1981）通过访谈问卷等实证研究，总结了组织承诺的二维划分模式：价值承诺（对组织发展方向的认同）、留任承诺（继续待在组织的愿望）。心理学家迈耶和斯格尔曼（Meyer&Schoorman，1998）强调组织承诺的二维特性：持续承诺——继续为组织效力的意愿、价值承诺——尽心尽力为组织服务的意愿。他们根据行为的结果进行区分：持续承诺是与离开和留在组织中的决策相关，而价值承诺与为组织目标的达成而尽心尽力相关。

奥雷利和查特曼（O'Reilly&Chatman，1986）表示组织承诺应指的是

---

① Hrebiniak, L. G., Alutto, J. A., "Personal and role-related factors in the development of organizational commitment," *Administrative Science Quarterly*, no. 17（Apr. 1972）: pp. 555—573.

② Buchann, B., "Building organizational commitment: The socialization of managers in work organizations," *Adiministrative Science Quarterly*, no. 19（Feb. 1974）: pp. 533—546.

③ Porter, L. W., Steers, R. M., Mowday, R. T., "Organization commitment, job satisfaction, and turnover among psychiatric technicians," *Journal of Applied Psychology*,（May. 1974）: pp. 603—609.

④ Mowday, R. T., Steers, R. M., Porter, L. W., "The measurement of organizational commitment," *Journal of Vocational Behavior*, no. 14（1979）: pp. 224—247.

⑤ Mowday, R. T., Porter, L. W., *Steers, R. M. Employee organization linkages: The psychology of commitment, absenteeism and turnover*（New York: Academic Press, 1982）.

⑥ Meyer, J., Allen, N. J., "A three component conceptualization of organizational commitment," *Academy of Management Journal*, no. 27（Jan. 1984）: pp. 95—112.

员工对组织的认知及态度，同时其诞生机制各有不同，基于迥异的发生机制及关注视角的差异，组织承诺可由服从承诺、认可承诺与内化承诺组成。该维度的划分推动了利益交换型承诺与情感依存型承诺的分类研究。其研究指出，相比而言，员工对组织的浓厚感情远比与组织的利益交换更能促动员工对组织的承诺与忠诚。随后，艾伦和迈耶（1990）经过研究梳理与总结，[①]提出了组织承诺的经典三因素理论，并通过实证验证了假设。[②] 依次为情感承诺、持续承诺与规范承诺。

（一）情感承诺（affective commitment）

特指员工对组织的目标认同程度、感情依赖程度及工作投入程度。同时该承诺具有如下特点：员工对组织发展方向及信念标准的强烈认同；员工甘愿为组织的发展进步牺牲个人时间与精力；对成为组织一员感到自豪与骄傲。

（二）持续承诺（continuance commitment）

特指员工离职后造成个人利益损失的一类承诺。基于员工对离职所造成的个人损失的看法，导致其不愿离开组织，在一定程度上是由离开的机会成本及利益损失所造成，因此体现出显著的对等交易问题。

（三）规范承诺（normative commitment）

特指员工对回报服务组织的一种内心责任与义务态度。产生于员工加入组织后的一种主人翁意识，在心理上对组织产生的归属与认同使其愿意为组织继续贡献，并认为这是自己应该做出的选择。

艾伦和迈耶（1993）继续对组织承诺的维度划分进行了研究，主张情感承诺水平较高的员工继续服务于组织是基于内心的强烈想法；持续承诺水平较高的员工回报组织是基于其心理需求；规范承诺水平较高的员工选择为组织贡献是基于责任与义务。[③] 艾伦和迈耶自 1990 年以来提出的组织承诺三维模型得到了学界的普遍认同，其研究理论不断延展深入，编制的组织承诺

---

① Allen, N. J., Meyer, J. P., "The measurement and antecedents of affective, continuance and normative commitment to the organization," *Journal of Occupational Psychology*, no. 63 (1990): pp. 1—18.

② Meyer, J. P., Allen, N. J, "A three-component conceptualization of organizational commitment," *Human Resource Management Review*, (Jan. 1991): pp. 64—98.

③ Meyer, J. P., Allen, N. J., Smith, C. A., "Commitment to organizations and occupations: Extension and test of a three-component conceptualization," *Journal of Applied Psychology*, no. 78 (Apr. 1993): pp. 538—551.

测量量表也成为经典，① 亦是本研究涉及的组织承诺概念和维度的重要参考。

布劳和加里（Blau & Gary，2001）继续对组织承诺维度进行深入研究，得出情感、规范、成本及选择承诺四大维度。史华利斯（Swailes，2002）基于行为心理学对组织承诺维度的划分有了新的结论，形成情感、持续、规范及行为四大承诺。②

国内研究者凌文铨等（2000）对组织承诺做了重新界定，认为其是员工对组织的一种认同及态度，在一定程度上能够说明员工服务于组织的理由，进而成为员工对组织忠诚的一种检验。研究团队将组织承诺细分为五大维度，分别是情感承诺（基于管理者的认可、组织环境的匹配、人际关系的融洽及组织是值得依靠的）、规范承诺（组织的公平公正水平、团队成员间的依存关系、组织的合作互补文化）、理想承诺（基于管理者的信赖、工作环境的支持、可晋升发展的可能性、再次培训及教育的制度、工作本身的吸引力）、经济承诺（工作时间、对管理者的态度、收入回报）和机会承诺（收入的满足程度、组织的关怀与支持、对组织整体的满意度、转行的可能性）。③

组织承诺是工作者对其工作地方的心理依附，在现象上呈现的仅仅是一种工作态度，但其形成的动机过程则不尽相同，因而其展开的实质内涵自属多元的结构。尽管不同学者对组织承诺的概念有不同的看法，但从行为和态度角度来看，组织承诺的界定大都涵盖在情感承诺、持续承诺和规范承诺内，如单方面投入型承诺、经济型承诺及计量型承诺与持续承诺一致；归属型承诺与道德型承诺与规范承诺一致；内化承诺等同于情感承诺。基于组织参与理论，彭利和古尔德（Penley & Gould，1988）开发了组织承诺的多维框架。他们把组织承诺区分为三种形式：道德承诺、计算承诺和疏离承诺。计算承诺来自斯蒂文斯（Stevens）等人（1978）的交换概念，且更侧重于工具性激励。道德承诺和后期的加洛斯（Jaros）等人（1993）的道德承诺定义是一致的，与艾伦和迈耶（1991）情感承诺也有重叠之处。而疏离承诺

① Bentein, K., Vandenberg. R. J., Vandenberghe, C., et al., "The role of change in the relationship between commitment and turnover: A latent growth modeling approach," *Journal of Applied Psychology*, no. 90 (May. 2005): pp. 468—482.

② Swailes, S., "Organizational commitment: A critique of the construct and measures," *International Journal of Management Review*, no. 4: pp. 155—178.

③ 凌文铨、张治灿、方俐洛：《中国职工组织承诺的结构模型研究》，《管理科学学报》2000年第6期，第76—80页。

反映了艾伦和迈耶（1991）、加洛斯等人（1993）组织承诺结构中的持续承诺的内容，整合于如表2-3所示。

表2-3　组织承诺含义的整合

持续承诺		规范承诺		情感承诺	
单方投入承诺	Becker	归属承诺	O'Reilly & Caldwell	感情承诺	Buchanan Meyer & Allen
计算承诺	Kirdon	顺从承诺	O'Reilly & Chatman	内化承诺	O'Reilly & Chatman
交换承诺	Stevens, Beyer & Trice	规范承诺	Wiener	组织认同	O'Reilly & Chatman
持续承诺	Kanter Meyer & dAllen	道德承诺	Jaros et al	目标一致	Morris & Sherman Steers
经济承诺	凌文辁、张治灿和方俐洛			价值承诺	Mayer & Schoorman
机会承诺					
理想承诺				归因承诺	Reichers

资料来源：根据相关文献整理。

二、组织承诺的测量

组织承诺的测量工具目前已比较成熟，国外学者编制后，我国学者在之后的研究中将其进行本土化改良。具体代表性量表有如下几种：

第一种是瑞泽尔和特赖斯（Ritzer & Trice）根据贝克尔的单方面投入理论发展出来的量表，这是最早有关组织承诺的量表，目的在于测量持续承诺。

第二种是波特和莫迪（Porter & Mowday，1979）研制出经典的组织承诺测量量表（OCQ），主要由3部分15道题组成。有两种版本类型，分别是多题长型与短小版，最初的OCQ量表涉及15道题目，之后为研究需要减至9个题目，俗称缩减版。

第三种是兰德尔（Randall，1990）提出的量表，称为非OCQ的态度量表。

第四种是加拿大学者艾伦和迈耶（1990）开发的三维度组织承诺量表，总结的组织承诺三因素理论及模型便是俗称的经典三因素（即情感承诺、持续承诺和规范承诺）组织承诺量表（3-OC）。艾伦和迈耶自1990年以来提出的组织承诺三维模型得到了学界的普遍认同，其研究理论不断延展深入，编制的组织承诺测量量表也成为经典。其开发的三维度组织承诺量表总共涵盖 24 道题目，但在各国各行业的实证研究中，不少学者依据本土情境，并结合陈和弗朗西斯科（Chen&Francesco，2003）① 编制的量表，大多删减为 18 道题目。

国内研究者凌文铨与张治灿等（2001）根据中国企业特性，编制出适合中国企业员工的组织承诺量表，包含 5 个维度 25 道题目。

三、组织承诺的影响前因

组织承诺的前因变量在已有研究中已经较为成熟，如心理契约、组织支持感、心理资本等，本文只选取与研究相关的进行梳理。

将组织承诺作为工作幸福感的结果变量，在同类研究中并未发现，但有与工作幸福感相关的诸如工作满意度、收入待遇、环境可控性、职务晋升等与组织承诺的关系研究。在此将组织承诺的前因变量分为组织、个人及工作三大因素进行总结。

（一）组织因素

涉及员工对组织的满意度、环境可控性、收入待遇、组织文化、组织公平、职务晋升和人际关系等。马修和扎哈克（1990）提出组织承诺与员工满意度关系紧密，员工满意度涉及员工对组织的物理环境、同事关系、制度条例、收入报酬等的心理预期与实际状态之间的相比结果，员工满意度较高则强化其对组织的依赖与归属，进而组织承诺提升将得以实现。其研究还包括组织承诺与劳动者关系气氛之间的联系，研究表明二者呈正相关。② 汗（Khan，1990）认为安定舒适预见性的工作氛围会加强员工内心安全感，而管理者作为组织规章的拟定者与决定者，打造了员工的工作氛围，因此基于管理者的依赖与肯定是员工内心安定的前提条件，员工对管理者的认可程度决定了其心理安全的程度，进而决定了组织承诺的水平。③ 刘小平（2003）从目标导向、革新导向、支持导向、规则导向、团队关系、团队目标、领导

---

① 该问卷主要是在中国发放，比较适合中国人的特征。同时，该问卷主要是继承艾伦和迈耶（1990）开发的问卷。

② Mathieu J. E., Zajac D. M., "A review and meta-analysis of the antecedents, corrlates and consequences of organizational commitmen," *Psychological Bulletin*, no. 108 (1990): pp. 171—194.

③ A K. W., "Psychological Conditions of Personal Engagement and Disengagement at Work," *Academy of Management Journal*, no. 33 (Apr. 1990): pp. 692—724.

风格和领导成员等方面研究了与组织承诺三个成分之间的关系，结果显示感情承诺和同事特征有显著的相关性。他主张相较于领导者对员工的影响，工作场所氛围的作用更大，若组织打造的工作环境相对舒适、开放，制度规章更加规范、平等，员工的发展空间及个人利益将更有保证，因此，完善的组织架构、组织规则与文化氛围会加强员工的组织承诺感，而大型跨国公司、上市企业等营造的工作环境相对更为舒适，这也是其员工组织承诺水平较高，更愿意为组织服务的原因之一。[①] 朱军华和龚林奇（2013）在对萧山区基层馆员的研究中发现，馆员的组织承诺与福利待遇密切相关，且福利水平正向影响组织承诺。[②] 蒋秀娟和赵晓康（2011）研究表明积极的组织文化正向影响员工工作满意度，工作满意度的提高会促进组织承诺的提升，从三者的关系可以看到，工作满意度成为二者关系的中介。[③] 樊耘等（2012）探讨企业管理中的激励因素与企业环境的公正性正向影响员工的情感承诺，中介作用是人力资源管理实践。[④] 苏文胜（2010）认为组织承诺与公平理论有关，个人通过对组织的付出与贡献获取收入，福利水平的公平程度更会影响员工对组织的认同与忠诚，进而影响组织承诺水平。[⑤] 刘小平（1999）的研究表示升职空间是员工个人职场规划的核心内容之一，如果组织能够根据员工的综合实力与努力付出予以肯定并嘉奖，将促进员工更加认可组织，加倍努力，进而提升其组织承诺水平。[⑥] 默丘里奥（Meglino）等（1998）认为员工的观念如果趋于一致，同时工作态度与工作行为较为接近时，组织中的人际关系就会相对和谐，知识共享行为将增多，进而员工的组织承诺水平会有提高。[⑦]

---

① 刘彧彧、黄小科、丁国林等：《基于上下级关系的沟通开放性对组织承诺的影响研究》，《管理学报》2011 年第 8 期，第 3 页。

② 朱军华、龚林奇：《收入水平对萧山区基层馆员主观幸福感、工作满意度和组织承诺的影响》，《图书情报知识》2013 年第 1 期。

③ 蒋秀娟、赵晓康：《组织学习文化对员工组织承诺的影响研究——一个理论框架》，贵州社会科学出版社，2011。

④ 樊耘、张旭、颜静：《对组织承诺三因素模型被质疑问题的思考》，《西安交通大学学报（社会科学版）》2013 年第 2 期，第 4 页。

⑤ 苏文胜：《基于组织支持感知的事业单位组织承诺研究》，《软科学》2010 第 4 期，第 71—75 页。

⑥ 刘小平：《组织承诺研究综述》，《心理学动态》1999 年第 4 期。

⑦ Meglino B. M., C. R. E., "Individual Values in Organizations: Concepts, Controversies, and Research," *Journal of Management*, no. 24 (Jun. 1998): pp. 351—389.

(二) 个人因素

涉及性别、年龄、婚姻状况、受教育程度、任职年限、个人兴趣爱好、工作成就动机等。个体的人格特质如大五人格、成就需求、依附性和自治性、个题工作道德、生活兴趣等对组织承诺也有相当程度的影响。张晓宁和顾颖（2010）的研究证实员工的性别、年龄、学历、工作年限与职称职位等同组织承诺没有相关关系。① 但国外学者格鲁斯基（Grusky，1966）的研究认为性别因素在一定程度上对员工的情感及持续承诺有影响，相比而言，男性员工的持续承诺更高，而女性员工的情感承诺更强，解释原因主要是女性员工在组织内由个人生理及家庭小孩等缘由更易受到不平等对待，因而不太容易选择跳槽离职。② 崔勋（2003）提出年龄问题对情感承诺不产生显著影响；教育经历对情感及交易承诺均有显著影响，相比而言，教育背景不多的员工其交易承诺水平较高；家住当地的职员情感承诺水平相比家住外的职员更高。③ 刘小平（1999）的研究也证实教育背景与员工组织承诺负相关。④ 马修和扎哈克（1990）也认为受教育程度高的员工有着更多需求与条件，诸如工作氛围的和谐、工作物理环境的优越、收入水平的满足等，同时因其教育背景的优越更容易离开组织寻找更好的外部机遇，进而降低其组织承诺水平。⑤ 韩翼和廖建桥（2005）的研究表明组织员工心理状态会随着时间发生变化，并展现出特定的周期性规律，总的说来有以下阶段：心理摇摆、内心认可、心态平稳、变化反复及固化稳定这五个时期。此外，该研究也显示伴随工作年限的增加，员工的持续承诺及情感承诺水平会上升；相比而言，工作年限短的员工重新转行或择业的成本比较低，因此其持续承诺与情感承诺不高。⑥ 凌文辁、张治灿和方俐洛（2001）研究认为，40 岁是考察员工组织承诺的一个重要节点，因工作能力强而在组织中有更好发展空间的 40 岁以

① 张晓宁、顾颖：《知识型员工的工作满意度与组织承诺关系研究——以西安高新区科技型企业为例》，《经济管理》2010 年第 1 期，第 77—85 页。

② Grusky D, "Career Mobility and Organizational Commitment," *Administrative Science Quarterly*, (Oct. 1966).

③ 崔勋：《员工个人特性对组织承诺与离职意愿的影响研究》，《南开管理评论》2003 年第 4 期，第 4—11 页。

④ 刘小平：《组织承诺研究综述》，《心理学动态》1999 年第 7 期，第 31—37 页。

⑤ Mathieu J. E., Zajac D. M., "A review and meta-analysis of the antecedents, corrlates and consequences of organizational commitmen," *Psychological Bulletin*, no. 108 (1990): pp. 171—194.

⑥ 韩翼、廖建桥：《企业雇员组织承诺周期模型研究》，《南开管理评论》2005 年第 5 期，第 41—49 页。

上员工对组织的认同与忠诚表现更高，故有着高情感承诺水平；反之若没有得到组织认可与理想工作职位的 40 岁以上员工将表现出高机会承诺水平。同时研究还表明工作职位不高的员工其情感与理想承诺都低于组织的领导者及管理者。[①] 王婷等（2011）基于工作—家庭关系展开组织承诺的探究，发现家庭婚姻对员工的组织承诺影响较大，普遍意义上已婚员工因有更高的家庭负担及责任义务，因此其对组织的持续承诺水平较高，未婚员工更倾向收入福利、发展机会等考量，因此其对组织的持续承诺水平较低。[②] 陈江和吴能全（2009）在综合考量各人口统计学要素对组织承诺的作用后提出，员工差异对组织承诺的影响结论并不统一，但并不否认个人特性要素对组织承诺的重要作用，分类进行单一群体的组织承诺研究将会成为发展趋势。[③]

（三）工作因素

涉及工作意义、任务挑战性、工作难度及工作压力、成就动机、员工对工作的满意度、工作自由度等。迈耶和赫斯科维奇（Meyer & Herscovitch，2001）提出情感承诺的来源如下：员工的内在工作驱动力、员工获取的工作价值、员工对工作的认同与肯定，因此，组织员工对工作本身的认可与赞同会促使其努力工作，进而实现工作价值，提升感情承诺。[④] 艾伦和迈耶（1990）对图书馆、零售店及医院工作人员的研究显示，工作挑战性、角色清晰、目标清晰、同事凝聚力等对组织承诺有显著影响。莫里斯和谢尔曼（Morris & Sherman，1981）针对心理卫生工作者的调查显示，角色压力、自我效能感、年龄及教育背景对组织承诺有明显影响。韦纳（Weiner，1986）的研究指出员工的个人成就动机决定了每个人对自我成就的归因差异，高水平成就动机的个体更倾向于将工作中取得的成绩总结为个人综合实力强的结果，反之，低水平成就动机的个体则偏好将工作成就归为外在原因。[⑤] 翁清

---

① 凌文辁、张治灿、方俐洛：《影响组织承诺的因素探讨》，《心理学报》2001 年第 3 期，第 259—263 页。

② 王婷、徐培、朱海英：《科研人员工作—家庭平衡与组织绩效关系研究》，《科学学研究》2011 年第 1 期。

③ 陈江、吴能全：《人口统计特征对组织承诺的影响研究——广东省农村信用社样本的实证研究》，《当代经济管理》2009 第 1 期，第 42—44 页。

④ Meyer J. P.，"Herscovitch L. Commitment in the workplace: Towards a general model," *Human Resources Management Review*，(Nov. 2001): pp. 299—326.

⑤ Weiner B.，*An Attributional Theory of Motivation and Emotion*（New York: Spsingr-Verlag，1986）.

熊和席酉民（2011）进一步探究后提出在个体职场发展和组织承诺中，个人归因偏差有起到一定中介影响，高水平成就动机的员工因总结为个人综合实力强，因此对组织本身的认同较低，组织承诺水平不高；低水平成就动机的员工人更加看重外在因素对自己成就的影响，因而对组织的支持有更多的依赖，容易产生更高水平的情感承诺与持续承诺。[1] 徐碧琳和李涛（2011）认为基于网络的组织联盟氛围下，员工的组织承诺中重要的两个维度应是规范与理想承诺，研究结果显示，员工的组织承诺与工作满意度正相关，进而提出领导者及管理者应提供更多的方便与条件来匹配员工的工作，进而实现员工组织承诺的提升。[2] 赵夷岭、段万春和宋光兴（2009）在对我国国有及民营企业员工的实证调查后，提出不同组织员工的组织承诺前因变量差别较大，国企员工更加看重组织公平、制度完善及合理薪酬，相比而言，民企员工更看重组织氛围、组织文化、晋升空间及收入水平。[3] 邱芬和王斌（2009）研究结论有三：其一，认为组织若放权更多，增加员工的参与度，同时有效评价员工工作及努力程度，将有力促进员工情感承诺的提升；其二，工作形式的多样化、工作内容的丰富及工作职位的相对稳定将有力推动员工持续承诺的提升；其三，管理者及领导者对员工的激励与肯定对员工规范承诺的水平产生作用。[4] 张勉、张德和王颖（2002）通过对西安 15 个企业组织的 700 多名员工的调查显示，经典的组织承诺三因素模型适用于中国企业员工，同时工作的重复性、自主性、压力程度及职责范围的明确性均对员工组织承诺产生影响。[5]

四、组织承诺的结果变量

组织承诺的结果变量在已有研究中已经较为成熟，如组织公民行为、离

---

① 翁清雄、席酉民：《动态职业环境下职业成长与组织承诺的关系》，《管理科学学报》2011年第 3 期，第 48—59 页。

② 徐碧琳、李涛：《基于网络联盟环境的工作满意度、组织承诺与网络组织效率的关系研究》，《南开管理评论》2011 年第 1 期，第 36—43、64 页。

③ 赵夷岭、段万春、宋光兴：《情感型和工具型激励因素对员工组织承诺的影响力研究》，《经济问题探索》2009 年第 8 期，第 107—112 页。

④ 邱芬、王斌：《高校体育教师工作满意度及其与组织承诺关系的研究》，《天津体育学院学报》2009 年第 2 期。

⑤ 张勉、张德、王颖：《企业雇员组织承诺三因素模型实证研究》，《南开管理评论》2002 年第 5 期，第 70—75 页。

职倾向等，涉及员工的工作选择、激励奖惩与工作相关绩效等。考虑本研究的需要，主要梳理组织承诺对员工激励和员工绩效两个方面。

（一）员工激励

Meyer&Becker（2004）的研究证实员工的激励奖惩与其组织承诺水平密切相关，同时组织承诺对员工激励会产生明显的促进作用。[1] 持同样观点与研究结论的还有程文与张国梁（2008）[2]、张术霞等（2011）[3] 等。坎特（2000）的研究表明具有高组织承诺水平的员工更加认同该组织的发展方向及文化标准，更倾向于严格要求自己按照组织要求行事，努力工作的同时追求更高绩效。德西和瑞安（Deci & Ryan，1991）提出组织承诺水平高的员工更愿意努力工作，回报组织，无论是工作内容还是工作结果，基于员工的自我内在激励，二者均可对组织员工激励效果起到推动作用，而知识型员工因为有更强的自我实现追求，在更为多变的复杂情境中依据个人专业知识体系及应变思考能力完成工作、创新产品将更充分地使其获得满足，实现工作价值与自我成就。[4] 王黎萤和陈劲（2008）认为在员工激励方面组织承诺起到关键作用，作为员工激励的根基，情感承诺是员工对组织的认同与依赖，其高水平能够帮助员工更好地实现自我价值及收入回报，进而产生较强的激励作用，此外，只有员工将组织目标作为个人发展方向时，才可实现对组织的奉献与回馈；而在员工激励方面，规范承诺起到了保证作用，高规范承诺水平的员工拥有更强的组织责任与组织义务感，能够实现和组织的共进退；在员工激励方面，持续承诺的影响也不容小视，高持续承诺水平的员工更加认可以往通过努力与贡献获取的成绩，进而为稳固地位或持续进步作出更多贡献，因此持续承诺对员工的激励作用得以提升。[5]

（二）员工绩效

员工绩效同组织承诺的关系较为多样，根据组织承诺的三个维度特征，

① Meyer J. P., Becker T. E., "Employee Commitment and Motivation: A Conceptual Analysis and Integrative Model," *Journal of Applied Psychology*，no. 89（Jun. 2004）：pp. 991—1007.

② 程文、张国梁：《高级研究人员自我激励因素研究》，《科学学与科学技术管理》2008 年第 6期，第 192—196 页。

③ 张术霞、范琳洁、王冰：《我国企业知识型员工激励因素的实证研究》，《科学学与科学技术管理》2011 年第 5 期。

④ Deci E. L., Ryan R. M., *Perspectives in motivation*（Lincoln：University of Nebraska Press，1991），pp. 237—288.

⑤ 王黎萤、陈劲：《知识型员工心理契约结构和激励机制》，《经济管理》2008 年第 1 期，第17—21 页。

研究结论大都支持情感承诺与员工绩效正相关，持续承诺与员工绩效负相关，规范承诺与员工绩效不相关。组织承诺与工作绩效相关的变量，如角色绩效、任务绩效、非任务绩效（关系绩效、创新绩效、学习绩效）等，均有研究证实二者存在影响关系。陈和弗朗西斯科（2000）的研究表明员工绩效同组织承诺正相关，[①] 威廉姆斯和安德森（Williams & Anderson，1991）[②] 同凡·斯科特（Van Scotter，2000）[③] 则认为情感承诺与员工绩效关系更为明显。国外学者博尔曼、莫托维德罗（Borman & Motowidlo，1993）[④] 和国内研究者宁赟（2009）[⑤] 表示组织承诺的各个维度与员工绩效的关系不一致，如情感与规范承诺正向影响员工绩效，持续承诺负向影响员工工作绩效。凯勒（Keller，1997）的研究则认为员工绩效与组织承诺关系不明显。[⑥] 马修和扎哈克（1990）[⑦] 与国内研究者韩翼（2007）的研究均表示情感承诺同员工角色内/角色外绩效及创新绩效等关联密切。[⑧] 而王颖与张生太（2008）则表示，相比持续和规范承诺，情感承诺与员工绩效关系紧密，理由是高感情承诺水平的职员认为工作中既有可考察的标准也有角色外行为，因此其倾向更多的工作表现与努力进取，心态更加积极向上，工作效率与绩

---

① Chen Z. X., "Francesco A. M. The relationship between the three components of commitment and employee performance in China," *Journal of Vocational Behavior*, no. 56 (2000): pp. 114—136.

② Williams L. J., "Anderson S. E. Job satisfaction and organizational commitment aspredictors of organizational citizenship and in-role behavior," *Journal of Management*, no. 17 (1991): pp. 601—617.

③ Van Scotter JR., "Relationships of Task Performance and Contextual Performance with Turnover, Job Satisfaction, and Affective Commitme," *Human Resource Management Review*, no. 10 (Jan. 2000): pp. 79—95.

④ Borman W. C., Motowidlo S. J., *Expanding the Criterion Domain to Include Elements of Contextual Performance Personnel Selection in Organizations*, (San Francisco: Jossey-Bass, 1993). pp. 84—86

⑤ 宁赟：《员工组织承诺与工作绩效关系研究》，《中南财经大学研究生学报》2009 年第 6 期，第 77—82 页。

⑥ Keller R. T., "Job Involvement and Organizational Commitment as Longitudinal Predictors of Job Performance: A Study of Scientists and Engineer," *Journal of Applied Psychology*, no. 82 (1997): pp. 539—545.

⑦ Mathieu J. E., Zajac D. M., "A review and meta-analysis of the antecedents, corrlates and consequences of organizational commitmen," *Psychological Bulletin*, no. 1990 (108): pp. 171—194

⑧ 韩翼：《组织承诺对雇员工作绩效的影响研究》，《中南财经政法大学学报》2007 年第 3 期，第 53—58 页。

效表现更佳。[①] 韩翼等（2011）的继续研究发现，情感承诺正向影响员工绩效，持续承诺负向影响创新绩效，规范承诺与创新绩效没有关系。[②] 兰德尔（1985）认为员工绩效同组织承诺关系结论差距较大的原因可能是所选群体的差异性导致的，也可能是组织承诺与工作绩效关系中有着其他变量起到中介作用（诸如收入福利、任务难度和职业规划等）。陈霞与段兴民（2003）认同组织承诺对员工绩效有着正向作用，通过梳理已有实证研究发现，组织承诺与员工绩效的考量更多是将组织视为独立体，缺乏基于员工个体层面研究组织管理和绩效关系中组织承诺起到的中介作用。[③] 常亚萍等（2010）表示组织员工会通过考察从组织中获取的各方面收益来决定个体的行为模式，因此经济承诺与物质收入相对应，感情与规范承诺则与员工从组织那里收获的感情与信任，考量与计较将对员工工作心态、心理变化及工作投入等行为持续产生作用，并最终通过员工绩效得以体现。[④]

五、组织承诺研究述评及本书研究方向

首先，尽管大量研究涉及组织承诺的前因变量和结果变量，从工作幸福感与其关系来看，仍有较大研究空间。工作满意度对组织承诺的影响已被多项研究证实，而工作幸福感的提出是在工作满意度的基础上形成的，其不同维度已被相关研究证实与组织承诺存在相关关系，基于此，本书也假设工作幸福感与组织承诺之间存在必然的联系。

其次，从文献梳理归纳来看，虽有一定量有关组织承诺与创新绩效的研究成果，但根据研究发展来看，基于具体情境的组织承诺同创新绩效研究将是未来的研究趋势，通过理论的梳理与现实的考量，采取定性与实证量化相结合的研究方式，将更好地探索出具有实践指导价值的研究结果。

最后，国内外已有研究中，针对知识型员工组织承诺与创新绩效的探讨并不多见，根据相关实证研究，可以得出组织承诺对创新绩效的正向影响结论，但基于传媒业知识型员工的本土化研究仍未发现，且没有将组织承诺作

---

① 王颖、张生太：《组织承诺对个体行为、绩效和福利的影响研究》，《科研管理》2008 年第 2 期，第 142—148 页。

② 韩翼、杨百寅、张鹏程：《组织承诺会导致创新：目标定向的调节作用》，《科学学研究》2011 年第 1 期，第 127—137 页。

③ 陈霞、段兴民：《组织承诺研究评述》，《科学学与科学技术管理》2003 年第 7，第 23—26 页。

④ 常亚平、郑宇、朱东红等：《企业员工文化匹配、组织承诺和工作绩效的关系研究》，《管理学报》2010 年第 3 期。

为工作幸福感与创新绩效之间的中介变量进行的探究。本文在吸取国内外已有研究成果的基础上，将丰富并创新组织承诺理论，探究其在具体行业、具体职业人群的背景下，对工作幸福感影响员工创新绩效的中介作用。

第四节 创新绩效相关研究

一、创新绩效的概念

（一）创新绩效

创新绩效是企业组织研究创新及学习型组织建构的最佳体现，也是考核组织员工进行创造思考及行为的参考标准之一。基于员工的创新，才会有组织创新绩效的改善，为此本研究着手员工创新绩效的考量与探究。根据已有研究结果，[1] 创新绩效特指员工个人在工作中出现的崭新而可操作性的想法、行为及创造出的新颖产品。部分研究者[2][3]认为创新绩效应该是思考的结果，而非一定被组织承认及肯定，但其的确是推动生产力的要素之一。对于创新绩效的界定及产生过程，国内外研究者分别从过程创新、产品创新及创造者创新三个层面进行界定与理解。首先，过程创新强调创新过程对行为的影响，可称其为创新过程模型；其次，产品创新主张产品本身的创造性对行为的影响，称为创新产品模型；最后，创造者创新认为个体的知识结构、思维方式及性格特征等对行为有影响，用创新认知模型表示。基于不同创新模型的界定与描述，可以认为创新既是行为或过程，又是产品、结果或运用。一般而言，大多数学者[4][5]认同阿马比尔提出的创新概念，将其界定为新颖且有价值的想法、过程、产品、方法或服务的产生。基于最终成果的视

---

[1] Ford C. M. , "A theory of individual creative action in multiple social domain," *Academy of Management Review*. no. 21（Apr. 1996）: pp. 1112—1142.

[2] Amabile T. M. , "A model of creativity and innovation in organization," *Research in Organization Behavior*. （Aug. 1998）: pp. 123—167.

[3] Amabile T. M. , "Motivating creativity in organizations on doing what you love and what you do," *California Management Review*. no. 40（Jan. 1997）: pp. 39—58.

[4] Amabile T M. , "Motivational synergy: Toward new conceptualizations of intrinsic and extrinsic motivation in the workplace," *Human Resource Management Review*. No, 8（Mar. 1993）: pp. 185—201.

[5] Amabile T M. , "How to kill creativity," *Harvard Business Review*. No76（May. 1998）: pp. 76—88.

角来看，创新、变革或创造都将引致出新的变化、产品、服务或观点，将这些新的内容固化为可认知、可接受的形式，便是一种创新性的产品。根据相关文献①的梳理，可以得出创新大致拥有五个发展过程：目标、准备、出现、行动及评价。斯科特和布鲁斯（1994）②提出并构建了个体创新行为模型，奠定了随后创新绩效探究的基础。他们提出创新行为是一种程序性过程的总和，由发现、思维、目标及行为构成，注重非常规及可接受，包含工作情境内的一切支持，如人际关系的融洽、团队构建的和睦、制度规范的公平等，最终将新颖的创意归于产品及服务。随后詹森就创新行为做了深入研究，编制并开发了基于个体创新的绩效量表，由个体创新思维的产生、促进及实现三个维度构成。同时通过实证研究，对创新绩效与传统绩效作为工作绩效两方面维度进行检验。而创新绩效之所以作为工作绩效的考量维度之一，原因在于通过学习掌握非常规信息与技巧（掌握这样做的理由③）对员工长久的进步与突破意义重大。

（二）知识型员工创新绩效

大部分知识型员工可以基于已有知识体系进行知识内容结构重组与创造性突破，其个人需求里包括强烈的个人成就与个人突破需求。为促进知识型员工创新能力的发挥，需要从工作场所、环境氛围及知识运用等角度为其营造更好的条件，个体创新能力的发挥还与员工内在的积极心理状态紧密相关。④ 随着彼得·德鲁克强调知识型员工对企业组织的重要价值后，越来越多的研究者开始关注知识型员工创新行为及创新绩效对组织的积极意义。虽然针对知识型员工创新绩效的界定还未达成一致（Zhou & George，2001），但大多数学者认同其是基于自我认知与自我实现的一种对组织有着积极影响的创新性活动。基于中国情境的考量，知识型员工的创新会带来积极切实的作用、影响和结果，对创新活动价值及影响的判断是研究的重点。阿马比尔

---

① Amabile T. M. ，*The social psychology of creativity*（New York：Springer-Verlag，1983），pp. 93—103.

② Scott S. G.，Bruce R. A.，"Determinants of innovative behavior：a path model of individual innovation in the workplace," *Academy of Management Journal*. No. 37（Mar. 1994）：pp. 580—607.

③ 克里斯·阿吉里斯：《组织学习》，中国人民大学出版社，2004，第 89—92 页。

Argyris C.，*On Organizational Learning*（Beijing：China Renmin University Press，2004）. pp. 89—92.（in Chinese）.

④ Scott S G，Bruce R A.，"Determinants of innovative behavior：A path model of individual innovation in the workplace," *Academy of Management Journal*，n. 37（May. 2002）：pp. 580—670.

（1988）认为知识型员工个体创新是知识型员工创造并开发出与众不同的且具有实际价值的详尽处理意见，为组织的进步与发展提供具有竞争性的创新产品及服务。由此可见，知识型员工的个体创新是解决工作挑战及任务难题的一种方式与行为，其评价标准须以目标达成为依据。

本文所指的传媒业知识性员工创新绩效是组织行为学和心理学中的构念，将其定义为：运用知识进行创新性工作的知识型员工有目的地创新、提供并完成新思想，生产出对传媒组织有意义的新方法、新过程及新产品。

二、创新绩效的维度与测量

在知识型员工密集型组织中，针对组织员工进行其创造创新能力的考量是人力资源管理中必要的组成成分。员工创新绩效既是个体创造力的具体体现，也是组织创新能力的基础。但是员工创新绩效在一定意义上而言属于员工角色外行为，即同组织公民行为一样，并非是大多数组织明确要求、具体测量、定期考核的指标。同时，创新能力及表现的多样性决定了员工创新绩效测量的难度（Chen，2008）。[1] 根据已有研究，目前采用自我报告形式来测量员工创新绩效的做法更能准确反映个体的真实情况。

目前根据被试对象的不同，常见的关于个体创造力测量的量表主要涉及奥尔德曼（Oldman）等[2]于 1996 年编制的 3 题项量表、蒂尔尼（Tierney）[3]于 1999 年开发的 9 题项量表、乔治等[4]于 2001 年编制的 13 题项量表，以及崔在 2004 年开发的 3 题项量表。通用的创新绩效测量量表包含斯科特和布鲁斯 [5]于 1994 年编制的 6 题项创新行为量表，詹森[6]在 2001 年开发的 9 题

[1]　Chen M H，Kaufmann G.，"Employee Creativity and R&D：A Critical Review," *Creativity and Innovation Management*，no. 17（Jan. 2008）：pp. 71—76.

[2]　Oldman G R，Cummings A.，"Employee Creativity：Personal and Contextual Factors at Work," *The Academy of Management Journal*，no. 39（Mar. 1996）：pp. 607—634.

[3]　Tierney P，Farmer S M，Graen G B.，"An examination of leadership and employee creativity：The relevance of traits and relationships," *Personnel Psychology*，no，52（Mar. 1999）：pp. 591—620.

[4]　George G M，Zhou J.，"When openness to experience and conscientiousness are related to creative behavior：An interactional approach," *Journal of Applied Psychology*，no. 86（Mar. 2001）：pp. 513—524.

[5]　Scott S G，Bruce R A.，"Determinants of innovative behavior：A path model of individual innovation in the workplace," *Academy of Management Journal*，no. 37（Mar. 1994）：pp. 580—607.

[6]　Janssen 0.，"Fairness perceptions as a moderator in the curvilinear relationships between job demands，and job performance and job satisfaction," *Academy of Management Journal*，no. 44（May. 2001）：pp. 1039—1050.

项创新绩效量表，台湾学者吴静吉等（2006）在斯科特和布鲁斯（1994）问卷的检验与修正后提出的 7 题项量表，韩翼等（2007）开发的中国文化背景下的 8 题项的创新绩效量表[①]和吴治国（2008）开发的基于员工自我报告形式的 6 题项量表[②]等。其中詹森和凡·伊佩伦（Janssen & VanYperen）基于创新流程原则，对创新绩效做了界定，并依据创新想法、新行动、结果及运用四阶段编制了相对应的创新绩效测量量表。[③④⑤]

学术界对创新绩效的测量还处于探索争论中，现将主要的创新绩效测量量表归纳如下，详见表 2 - 4。

表 2 - 4　创新绩效的主要测量量表

研究者	题项数
Scott & Bruce，1994	6
Oldmam 等，1996	3
Tierney，1999	9
Janssen，2000	9
Janssen，2001	9
Choi，2004	3
George & Zhou，2001	13
Farmer，2003	4
吴静吉等，2006	7
韩翼等，2007	8
吴治国，2008	6

资料来源：根据相关文献整理。

---

① 韩翼、廖建桥、龙立荣：《雇员工作绩效结构模型构建与实证研究》，《管理科学学报》2007年第 10 期，第 62—77 页。

② 吴治国：《变革型领导、组织创新气氛与创新绩效关联模型研究》，博士学位论文，上海交通大学，2008。

③ Janssen O, Van Y peren N W. ，"Employee's goal orientations，the quality of leader-member exchange，and the outcomes of job performance and job satisfaction，" *Academy of Management Journal*. No. 27 （Mar. 2004）：pp. 368—384.

④ Janssen O. ，"Job demands，perceptions of effort-reward fairness，and innovative work behavior，" *Journal of Applied Psychology*. No. 84 （2000）：pp. 680—694.

⑤ Janssen O. ，"Innovative behavior and job involvement at the price of conflict and less satisfactory relations with co-workers，" *Journal of Occupational and Organizational Psychology*. No. 76 （2003）：pp. 347—364.

三、创新绩效的影响前因

通过对已有文献的梳理，目前针对员工创新绩效的相关研究较为丰富，主要涉及员工创新绩效的创新模式、影响因素、创新激励策略等的研究。根据本文研究取向，在此仅对知识型员工创新绩效的影响因素进行分类归纳。纵观已有文献，当前的研究焦点主要集中在两方面。

（一）基于知识型员工工作的组织环境与氛围出发进行的探索

组织场所对员工的身体、心理及行为等多方面会产生深刻复杂的影响，组织氛围不仅可以促进组织内员工的行为塑造，更对员工创新绩效施以长久深刻的影响。如组织人力资源战略行为、领导者特质、薪酬与奖励、工作特征等。沃森针对组织内知识型员工的培养提出，为适合自我管理及组织忠诚管理的目标，组织应积极构建战略性人力资源管理体系。[1] 亚瑟也认为战略性人力资源管理是组织发展与进步的关键性要素之一，其对组织内（知识型）员工的工作选择、财务/生产绩效均能产生显著的积极作用。[2] 豪厄尔（Howell）提出良好有效的"领导成员互换"（Leader-Member Exchange）与变革型领导关系密切。[3] 同时巴斯（Bass）认为领导及管理者的个人特质会影响知识型员工的创新行为及能力的发挥，其中变革型领导与交易型领导关系紧密，都能预测组织绩效并对员工创新行为及能力的开展影响较大。[4] 阮爱君站在激励系统角度就知识型员工创新行为在不同创新激励方式下做了实证研究，结果显示，高内在激励水平下，收入及精神嘉奖正向影响员工创新行为；内在激励低水平时，收入及其他激励因素不影响员工创新行为。[5]

此外，工作复杂性、任务挑战性、环境支持及工作自主性均对员工创新

---

① Walton R E., "From control to commitment in the workplace," *Harvard business Review*, no. 63 (Feb. 2005): pp. 77—84.

② Arthur J B., "Effects of human resource systems on manufacturing performance and turnover," *Academy of Management Journal*, no. 37 (Mar. 2004): pp. 670—687.

③ Howell J M, HallMerenda K E., "The ties that bind: the impact of leader-member exchange, transformational and transactional leadership, and distance on predicting follower performance," *Journal of Applied Psychology*, no. 84 (May. 2009): pp. 680—694.

④ Bass B M., "Theory of Transformational Leadership Reduce, "*The Leadership Quarterly*, no. 6 (Apr. 2007): pp. 463—478.

⑤ 阮爱君：《激励体系对员工创新行为影响的实证研究》，《科技管理研究》2011年第2期，第151—156页。

绩效产生影响。奥尔德姆和卡明斯（Oldham&Cummings，1996）①针对不同制造企业中的171名员工进行了实证调研，结果显示工作本身的复杂程度、环境支持力度及管理者的监督控制能力均对员工创新绩效（独立发明与专利、企业改进意见等）产生影响。同时显示当工作更具挑战性时，基于组织支持与团队合作模式的员工创新性更强。雪莱（2000）②的研究涵盖2000多名被调查者，探讨员工创新行为发挥的外在工作场所，结果显示工作本身的特征、组织的外在支持及具有一定难度的挑战与员工的创新行为关系密切。雪莱随后的研究③显示，一定难度及挑战的工作会促进员工创新能力的发挥，主要基于其引起了员工的浓厚兴趣，并增强了员工的内在成就动机。

（二）从知识型员工的个体特质来分析

如创造性人格、目标取向、创新自我效能感、积极情绪、创新动机等。周和奥尔德姆（Zhou&Oldham，2001）④认为创造性人格特质正向影响员工创新绩效。他们随后的研究⑤提出，首先在具有创新性氛围的组织中，领导重视并监督创新行为是影响员工创新活动的关键，且二者具有相互调节的作用，上级的紧密监督和创造性的同事在场对员工创造力有交互影响。其次无论员工自身创造性特质是强是弱，都受到组织创新环境的影响，同时领导管理者所提供的支持与反馈在一定程度上也对员工创新性起到推动作用。王艳子和罗瑾琏（2011）⑥引入知识共享来研究目标取向与员工创新行为的关系，

---

① Oldman G R，Cumming S A.，"Employee Creativity：Personal and Contextual Factors at Work，" *The Academy of Management Journal*，no. 39（Mar. 1996）：pp. 607—634.

② Shalley C E，Gilson L L，Blum T C.，"Matching creativity requirements and the work environment：Effects on satisfaction and intentions to leave，" *Academy of Management Journal*，no. 43（Jan. 2000）：pp. 215—223.

③ Shalley C E，Gilson L L，Blum T C.，"Interactive effects of growth need stength，work context，and job comp-lexity on self-reported creative performance，" *Academy of Management Journal*，no. 52（Mar.2009）：pp. 489—505.

④ Zhou J，Oldham G R.，"Enhancing creative performance：Effects of expected developmental assessment strat-egies and creative personality，" *The Journal of Creative Behavior*，no. 35（Mar. 2001）：pp. 151—167.

⑤ Zhou J.，"When the presence of creative coworkers is related to creativity：Role of supervisor close monitoring，developmental feedback，and creative personality，" *Journal of Applied Psychology*，no. 88（Mar. 2003）：pp. 413—422.

⑥ 王艳子、罗瑾琏：《目标取向对员工创新行为的影响研究》，《科学学与科学技术管理》2011年第5期，第164—169页。

提出有着明显学习目标导向的员工其创新行为更为显著。蒂尔尼（2002）[①]验证了员工创新自我效能感正向影响员工创新绩效，提出工作时间、工作复杂性、工作自我效能感及员工—领导关系与创新自我效能感关系密切，且工作自我效能感起到调节作用。麦加（Madjar，2002）[②]认为员工积极情绪在环境支持与员工创新能力之间起中介作用，同时员工个人创新特征起调节作用。Fong（2006）[③]指出情绪矛盾（ambivalence）是个人积极情绪与消极情绪之间的关系，其对员工创新行为有着一定作用，并通过研究证明处于情绪矛盾中的员工可以较好区分不同客体的复杂关联，从而能够在工作中展示出强有力的创新行为。乔治（2007）[④]也针对个体的不同情绪及领导风格展开其对员工创新行为的影响探究，调研结果显示，面对支持创新型领导时，员工的积极情绪与消极情绪共同发挥力量，进而对员工的创新行为起到推动作用。西蒙顿（Simonton，2000）[⑤]基于动机视角对组织员工创新行为的前因变量展开研究，结论显示，内在及外在动机共同构成情境型动机，特质型动机关注员工面对外在刺激及组织激励时的态度倾向，由内在激励偏好与外在激励偏好构成，重要的是无论内在激励偏好还是外在激励偏好，都与员工创新行为显著相关并能较好预测后者。

四、创新绩效研究述评及本书研究方向

从对员工创新绩效影响因素的现有研究整理来看，和工作幸福感相关的变量及其维度对员工创新绩效的影响已有相关研究，组织承诺对员工创新绩效的影响也已成为不争的事实，这些观点和研究成果为本研究的假设建立打下了坚实有力的基础。如前文所述，至今还没有学者将工作幸福感与组织承

① Tierney P, Farmer S M., "Creative self-efficacy: Its potential antecedents and relationship to creative performance," *Academy of Management Journal*, no. 45（Jun. 2002）：pp. 1137—1148.

② Madjar N, Oldham G R., "There's no place like home? The contributions of work and non-work creativity support to employees' creative performance," *Academy of Management Journal*, no, 45（Apr. 2002）：pp. 757—767.

③ Fong C T., "The effects of emotional ambivalence on creativity," *The Academy of Management Journal*, no49（May. 2006）：pp. 1016—1030.

④ George G M, Zhou J., "Dual tuning in a supportive context: Joint contributions of positive mood, negative mood, and supervisory behaviors to employee creativity," *Academy of Management Journal*, no. 50（Mar. 2007）：pp. 605—622.

⑤ Simonton, D K., "Creativity: Cognitive, Personal, Developmental, and Social Aspects," *American Psychologist*, no. 55（2000）：pp. 151—158.

诺共同作为员工创新绩效的前因变量来研究，本文选取这个视角，通过传媒业知识型员工的实证调查探究二者的关系。

第五节　工作幸福感与创新绩效的相关研究

由于工作幸福感的研究刚刚起步，对于工作幸福感与创新绩效之间的研究还比较少，但是通过对国外相关文献的梳理也发现了一些相关研究，理论界不少研究证实工作幸福感对创新绩效有显著影响，如吴琪（2011）①通过对我国安徽省境内的私企及民企职员的研究发现，员工工作幸福感与包含创新性的工作绩效有紧密的相关关系，员工工作绩效及创新绩效水平受到其工作幸福感高低的直接影响。孙国霞（2012）②就图书馆职员心理契约、工作幸福感、工作投入及包含创造性的工作绩效的关系探究后发现，心理契约对工作幸福感有直接影响，进而又间接影响员工工作投入水平，最终作用于员工创造性及工作绩效。王贤哲（2013）③的研究证实组织内员工幸福感在心理资本与工作绩效之间起到中介作用。但目前对工作幸福感与创新绩效关系的研究结论并未达成一致观点。

一、工作幸福感水平的提高正向影响创新绩效

通过文献梳理发现，工作幸福感水平的提升对创新绩效有显著正向影响。如雪莱和周（2004）④ 在众多影响员工创新绩效的个体因素中，认为快乐的员工可能会有更好的创新表现，工作幸福感的提升有助于促进员工创新绩效的改善。针对二者的作用关系有如下分析：其一，弗雷德里克森（2003）认为高水平的工作幸福感会促进个体增强工作情境中的行为转化率、丰富知识内容并提升理解变通性，进而推动创新思维的出现与转化。其二，施瓦茨

---

① 吴琪：《民营企业员工工作幸福感对工作绩效影响的实证研究：以安徽省民营企业为例》，博士学位论文，安徽大学，2011。

② 孙国霞：《心理契约、工作幸福感与图书馆员工工作绩效的关系研究》，《科技信息》2012年第19期，第96页。

③ 王贤哲：《心理资本、工作幸福感与工作绩效的关系研究》，博士学位论文，河北经贸大学，2013。

④ Shalley, C. E., Zhou, J., Oldham, G. R., "The Effects of Personal and Contextual Characteristics on Creativity: Where Should We Go from Here?" *Journal of Management*, no. 30 (Jun. 2004): pp. 933—956.

（Schwarz，2002）表示工作幸福感会让员工更加适应外在工作环境，更好理解外部信息对工作的帮助作用，弗里吉达（Frijda，1988）补充认为工作幸福感也为员工分析职场环境各要素提供了重要参考，加斯帕（Gasper，2004）则提出员工工作幸福感水平较高时更容易认定所处环境是舒适开放的，以致其思维模式更为发散、拓展行为更为丰富、创造创新更为多样。其三，赖特和克罗潘扎诺（2004）的研究表明，工作幸福感的提高可以深化组织内员工的工作成就认知水平，并激励员工增加创新思维与行动，增强创新意愿的内在动机水平。其四，福加斯（Forgas，1992）认为高工作幸福感体验的个体偏向将创造性活动时面对的困境与难题认定为外在因素造成的，是可以解决的短期困难，赖特和沃尔顿（Wright& Walton，2003）进一步的研究显示，该种认知有助于减轻员工面临难题时的放弃率，增强其韧性与耐力，进而关注工作本身并寻求突破方法，最终展现更多的创新行为及更高的创新绩效。

二、工作幸福感水平不高时也能促进创新绩效的提升

基于已有研究，工作幸福感水平不高甚至下降时也能正向影响员工的创新行为及绩效水平。周和乔治（Zhou& George，2001）认为其成立的理由是员工基于已有工作幸福感判断来分析所处组织的状态，同时个体对工作幸福感的判断可能影响员工在工作创新时的投入程度与投入时长。马丁（Martin）等（1993，1996）提出如果员工工作幸福感水平较高，则倾向认为其工作目标已完成，组织公民行为中的创新活动会自然减少；相对应，如果员工工作幸福感水平较低，则倾向认为个体努力与组织要求并不匹配，进而决定改进或改变工作方向、内容模式、传统思维、工作视角、工作细节、执行力度等，不断通过自我修正寻求新颖有效的工作思路及对策模式，增加创新行为并提升创新绩效。

综上所述，基于不同研究视角、研究背景和理论基础，研究者们给出了员工工作幸福感与创新绩效关系的不同结论，但不论是高水平还是低水平的工作幸福感，均对员工创新绩效的改善有着积极作用。且已有研究成果仍有值得推进深入的地方，目前的缺陷有以下两点。

第一，工作幸福感的维度划分及不同维度界定须深入完善。虽然已有研究中大都以单一角度对工作幸福感展开探究，但却不能全面地解释工作幸福感。随着研究的深入与实践的发展，多种视角、多个方面深入系统地构建员

工工作幸福感的维度模型将更全面、更有效地理解工作幸福感的概念及构成，也将是未来的研究方向。部分学者，如瓦尔尔、凡·霍恩等的研究已有了一定突破与进展，但还有不少异议与讨论，诸如整合两种幸福感的综合型工作幸福感的维度构成、划分标准、各维度定义等。对工作幸福感维度的深入探究将为员工工作幸福感与创新绩效的关系展开做好前期铺垫，打下理论根基。

第二，有必要探究影响工作幸福感与创新绩效之间的关系，亦考虑到职场氛围及组织特性的员工心理诉求的中介影响作用。已有二者关系中，中介作用的探索大多从认知态度等方面进行考量，如来自心理学前沿研究中的思维扩展、远距离联想及认知灵活性，缺乏同组织场所及工作氛围的关联，已有研究分析移植到企业管理情境中是否能有一致性结论还值得考量。今后的研究可向具体行业、具体人群倾斜，考虑基于组织环境的员工心理变量是否能在工作幸福感与创新绩效之间起到中介或调节作用，作用机制的构建与验证将有效打开工作幸福感与创新绩效之间的黑箱，进而实现全面深入地剖析具体行业及人群的工作幸福感对员工创新绩效的特有作用。

因此，本书基于以上工作幸福感对创新绩效研究的不足进行探讨，通过加入组织承诺探讨两者的作用机制，以中国传媒业知识型员工作为研究对象，展开问卷调查，最后通过实证分析对其进行检验。

第三章　理论基础

默顿（Merton，1968）认为理论是"基于逻辑的彼此关联且最终通过实证检验的一些假设"。巴赫拉赫（Bacharach，1989）将理论看作是"不同界定及变量组成了一个体系，在其中界定的关系是基于假设相连接的"。而概念和变量以及命题和假设的含义都是等同的（陈昭全、张志学，2008）。

第一节　自我决定理论

自我决定理论（Self-Determination Theory，SDT）是在 20 世纪 70 年代末由美国学者德西和瑞安等（1985a）[1] 倡导的有关个体行为的内在动机理论，基于有机辩证观点，认为个体的内在动机是由外在环境导致的，且称这一过程为个体外在动机内部化，主张采取措施有效促进内化过程。在传统认知评价理论基础上发展出的自我决定理论[2]涉及个体人格个性及内在动机，是借由积极心理学的研究成果来分析个体人格对个体内在动机及需求的促进作用的。该理论主张个体动机的生成拥有不间断的两个过程，即由内至外的持续动机过程。而个体人格个性的形成即在获取外在环境要素后逐步生成的目标及动机，这一变化即为自我决定的产生。

2008 年瑞安和德西（Ryan&Deci）等[3]在持续研究后建构了自我决定理

---

① Deci, E. L. , & Ryan, R. M. (1985a), *Intrinsic motivation and self-determination in human behavior* (New York: Plenum, 1985) .

② Ryan R M, Deci E D. , "Self-determination theory and the facilitation of intrinsic motivation, social development, and well-being," *American Psychologist* , no. 55 (Jan. 2000): pp. 68—78.

③ Ryan, R. M. &Deci, E. L. , "Hedonia, Eudaimonia, and Well-being: An Introduction," *Journal of Happiness Studies*. (Sep. 2008): pp. 1—11.

论模型，基于有机辩证的元观点。该观点[①]表示个体在本质上是积极乐观的，有着追求健康成长及完善自我的目标，面对困难时倾向通过自我努力加以战胜，在这一过程中会依据内外环境的变化形成自我认知与感悟，个体与环境的相互连接与互动有效促进了这一过程的完成，所以个体与内外部环境的关系是有机且辩证的。由此可见，自我决定理论认同个体的自我成熟与发展需求，即自主需求（Autonomy）、胜任需求（Competence）及关系需求（Relatedness），另外个体内心需求与自我完善的实现是基于三种需求一起且有效地满足。

伴随不同领域学者的长期研究与探索，自我决定理论有着扎实的理论根基、充裕的研究内容及健全的框架体系。其深入解释了基于外在环境的个体思想变化及行为模式发展过程，指出外在干预措施会深刻影响个体行为，为人力资源管理内容的完善提供了重要参考。[②]

一、自我决定理论的内容与研究领域

（一）自我决定理论的内容

首先，根据个体内在外化动机形成过程中受外在环境影响的状态程度将其划分成四种，同动机不足与内在动机共同组成个体调节动机的不同方式。[③] 通常说来，个人动机不足表示为无行动意图；外部调节表示个人行动须有回报条件；摄入调节表示获取了外部资源后却不全部接受；个体之所以行动是为保持自我内心平衡；认同调节表示个体行为具有自我评估能力，且吸收并认同外在环境支持；整合调节表示个体行为与自我需求与价值观念保持同等水平，即在认同调节基础上行为与认知的合一内在动机表示个人行为基于自身发展目标且个体自控能力强，属于典型的自我决定范畴。[④] 其中外部调节与摄入调节对外在信息的吸收程度不高，属于控制型动机范围；与内在动机相似，认同调节与整合调节对外在信息的认同度相对较高，都属于自

---

① 刘丽虹、张积家：《动机的自我决定理论及其应用》，《华南师范大学学报（社会科版）》2010 年第 4 期，第 53—59 页。

② 张剑、张建兵、李跃、Deci, E. L.：《促进工作动机的有效路径：自我决定理论的观点》，《心理科学进展》2010 年第 18 期，第 752—759 页。

③ Deci, E. L., Ryan, R. M., "The 'What' and 'Why' of Goal Pursuits: Human Needs and the Self-determination of Behavior," *Psychological Inquiry*, no, 11 (Apr. 2000): pp. 227—268.

④ Brickman, P., Sorrentino, R., Wortman, C. B., *Commitment, Conflict, and Caring. Upper Saddle River* (NJ: Prentice-Hall, 1987).

主型动机范围。[①]

其次，个体的基础心理需求涉及三类，分别是自主需求、胜任需求与关系需求。自主需求特指个人希望拥有自由选择及内在安全感的想法；[②] 胜任需求特指个体能够驾驭自我与外在环境的匹配及关系；关系需求特指个人在所处环境中希望构建的人际关系状态。[③] 经过相关文献梳理得出如下结论：个体内心安全与健康的基本满足条件是自主、胜任及关系需求的满足，同时个体幸福感水平的高低由这三种基础心理需求是否满足所决定。[④] 自主需求满足指的是个人行为时对自我的判断与肯定，这以自我价值及目标的实现为标准；胜任需求满足指的是个人行为时是否感到满足，表现出强烈的驾驭控制能力；关系需求满足则是个人在活动环境中的人际关系融洽程度，通过同伴的认可与接受表示。[⑤] 其中关系需求的满足在群体研究范围内是有前提条件的，即个人在团队或组织中奋斗与拼搏的程度需要群体的肯定与支持才能形成。如果个体的三种心理需求满足水平都较高，内在动机的调节更多，且自我决定行为将会增强，个体成就与自我实现感受会更多。[⑥]

最后，基于个体动机调节程度的迥异，存在自主导向、非自主导向及控制导向三种。个人偏好富有挑战性任务及外在刺激内在化动机的为自主导向[⑦]；依据强有力的偶尔性进行的动机调节属于非个人导向[⑧]；基于外在回报、条件

---

① Deci, E. L., Ryan, R. M., "The 'What' and 'Why' of Goal Pursuits: Human Needs and the Self-determination of Behavior," *Psychological Inquiry*, no, 11 (Apr. 2000): pp. 227—268.

② Ryan, R. M., Deci, E. L., "Self-regulation and the Problem of Human Autonomy: Does Psychology Need Choice, Self-Determination, and Will?" *Journal of Personality*, no. 74 (Jun. 2006): pp. 1557—1586.

③ Baard, P. P., Deci, E. L., Ryan, R. M., "Intrinsic Need Satisfaction: A Motivational Basis of Performance and Well-Being in Two Work Settings," *Journal of Applied Social Psychology*, no. 34 (Oct. 2004): pp. 2045—2068.

④ Ryan, R. M., Deci, E. L., "Self-determination Theory and the Facilitation of Intrinsic Motivation, Social Development, and Well-being." *American Psychologist*, no, 55 (Jan. 2000): pp. 68—78.

⑤ Meyer, J. P., Maltin, E. R., "Employee Com mitment and Well-Being: A Critical Review, Theoretical Framework and Research Agenda," *Journal of Vocational Behavior*, no. 77 (Feb. 2010): pp. 323—337.

⑥ 王艇、郑全全：《自我决定理论：一个积极的人格视角》，《社会心理科学》2009 年第 2 期，第 11—16 页。

⑦ Deci, E. L., Ryan, R. M., "The General Causality Orientations Scale: Self-determination in Personality," *Journal of Research in Personality*, no. 19 (Feb. 1985): pp. 109—134.

⑧ Gagné, M, . Deci, E. L., "Self-determination Theory and Work Motivation," *Journal of Organizational Behavior*, no. 26 (Apr. 2005): pp. 331—362.

限制及他人命令而生成的动机属于控制导向。

(二) 自我决定理论的研究范围

在健康研究范畴内，自我决定理论集中于三种基本需求的满足会促进个体身心健康改善，诸如三种基本心理需求满足程度的增强会推动个体内心满意及幸福感受的生成，随即展现较多的积极行为。[①]

在个体及组织心理学研究范畴内，自我决定理论被证实有助于改善个体对工作的认同及投入，进而提升员工绩效。[②] 相比简单重复性劳动，在进行复杂且具有挑战性的工作时，个体动机的自主性程度对员工绩效、工作投入及内心满足等具有积极作用，而控制性动机则容易导致工作满足感下降。[③]如德西等[④]在 2001 年对国有（保加利亚）及私营（美国）企业员工进行的对比研究后表示，在社会制度、经济水平及社会价值观迥异的情境下，个人内心需求的满足正向影响并预测员工绩效及员工幸福感。

在人力资源管理学研究范畴内，自我决定理论在组织员工行为因素分析、组织氛围满意度对员工动机、领导风格特征对员工绩效等领域均有研究。[⑤] 相关分析研究成果如下：个体自主性对员工行为、绩效及幸福感等均有正向影响；组织氛围轻松、公平且支持感强会更好满足员工内心需求并正向影响员工积极动机的产生；参与型管理风格相比命令型领导特色更能促进员工绩效的提升。如布莱斯和瓦勒朗（Blais& Vallerand，1993）[⑥] 就发现，倾向员工更多参与的支持型领导更易促进员工身心健康、工作满意度及工作投入的增加，同时减少离职与缺勤。

---

① Pelletier L G, Dion S C, Reid R, et al., "Why do you regulate what you eat? Relations between forms of regulation, eating behaviors, sustained dietary behavior change, and psychological adjustment," *Motivation and Emotion*, no. 28 (2004): pp. 245—277.

② Breaugh J A., "The measurement of work autonomy," *Human Relations*, no. 38 (1985): pp. 551—570.

③ Baard P P, Deci E L., Ryan R. M., "The relation of intrinsic need satisfaction to performance and well-being in two work settings," *Journal of Applied Social Psychology*, no. 34 (2004): pp. 2045—2068.

④ 张剑、张建兵、李跃、Edward L. Deci.：《促进工作动机的有效路径：自我决定理论的观点》，《心理科学进展》2010 年第 5 期，第 752—759 页。

⑤ Deci, E. L., & Ryan, R. M., *Handbook of Self-Determination Research*（NY: The University of Rochester Press, 2002）.

⑥ Blais, M. R., Brière, N. M., Lachance, L., Riddle, A. S., & Vallerand, R. J. (1993), "The Blais' inventory of motivations for work," *Revue Québécoise de Psychologie*, no. 14 (1993): pp. 185—215.

基于前人的研究及自我决定理论的发展，可以认为在不同个体特征、组织情境及文化背景下，人们的三大心理基本需求还是略有差异的。为此，针对我国传媒企业及知识型员工的独特性，展开员工心理需求及动机形成的研究，能够为促进知识型员工的内部动机形成及心理需求满足提供应对策略；同时提升传媒业知识型员工的工作幸福感，降低员工倦怠、忧虑等负面情绪，提高员工的组织承诺，进而大力提升创新绩效为研究目标。

二、自我决定理论与本研究的关系

20 世纪 50 年代末 60 年代初，西方心理学界出现了初级预防（primary prevention）和增进幸福（wellness enhancement）两个心理健康运动相互融合的现象，逐步形成了心理幸福感的研究方向。

瑞安和德西（2001）提出的自我决定理论是以自我实现为前提的个体心理幸福感过程。个体三大内心需求——自主、胜任及关系需求的满足适合所有个体，是个体内心安定、心理健康及快乐幸福的基础，更是影响个体幸福感水平高低的前提。自我决定理论提出个体与外在环境之间的关系与互动应是良性循环的，且外部环境对个体幸福感生成及感受大小起到的是推动促进作用。而在现代心理健康双因素模型及实现论哲学基础上形成的心理幸福感，也是基于环境及个体内在需求的综合影响下，以促进个体内在动机及潜能的生成或发挥为宗旨。正如亚里士多德所认为的，幸福是非主观的现实感受，也是个人追求内心目标及自我实现的结果，因此，幸福的本质是个体自我突破及自我完善的感知程度，只有自我实现的完成才会产生真正的幸福感。[①]

移植到组织工作环境中进行考量，可知个体三大基本心理需求的满足是个体心理健康实现的保障及工作幸福感生成的前提。自我决定理论表示，越是能够让我们实现我们对自主权、能力发挥和人际关系需要的工作，便越是能够让我们在工作中获得幸福感。[②] 根据自我决定理论，个体与外在环境之间的关系与互动应是良性循环的，且外部环境对个体幸福感生成及感受大小起到的是推动促进作用。因此工作幸福感的研究应关注于组织氛围中个体内

---

① 苗元：《从幸福感到幸福指数——发展中的幸福感研究》，《南京社会科学》2009 年第 11 期，第 103—108 页。

② 露西·曼德维尔：《幸福感才是最重要的事情》，孔秀云译，江苏人民出版社，2015，第 116 页。

在心理需求的满足程度差异而引致的后果。

　　基于实现论哲学观点的心理幸福感，是以自我决定理论为前提的。主要聚焦于个体内在能力的有效展现及实现，构建以自我实现及达成目标等为特色的多维度构念[①]进行测量。鉴于个体三大基本心理需求满足是个体内心安定及幸福快乐的基础，因此在组织情境下，这也是员工工作心态良好及心理幸福感受的前提条件。基于已有研究成果，个体三大基本心理需求的满足对员工内心动机、行为绩效及幸福感受有显著的正向影响。凡等（2008）[②] 表示个体三大基本心理需求的满足可以有效分析组织环境、领导风格及个体工作标准等对员工绩效及员工工作幸福感和工作绩效的作用过程。德西等（2001）[③] 的实证研究调查显示，个体三大基本心理需求在组织管理者自主性支持与员工绩效和工作幸福感之间起到中介作用。伊拉尔迪和瑞安（1993）[④] 认为个体三大基本心理需求满足程度高的员工更倾向表现出更多的自我满足、更积极的心理及行为以及更高的工作幸福感。

　　同时，自我实现理论也对员工组织承诺有着支撑作用。员工三大基本心理需求的满足投射到工作情境中，便是员工积极追求职业发展、努力提升工作幸福感。员工与组织的关系是互动循环的，其关键连接点即为工作任务本身，因此员工个人发展与职业规划同组织人力资源管理的连接紧密程度的关键就是，如何把组织目标及组织文化镶进员工工作中，并通过工作安排不断提升个体三大基本心理需求的满足程度，最终实现组织与员工的高度认同与信任，提升员工工作满意度的同时强化员工的组织承诺，并有效培育员工的工作自主与自控能力。

---

　　① Carol D. Ryff. ，"Psychosocial Adjustment Among Cancer Survivors: Findings From a National Survey of Health and Well-Being," *Health Psychology*. no. 28 (Feb. 2009)：pp. 147—156.

　　② Van den Broeck, A. ，Vansteenkiste, M. ，De Witte, H. ，& Lens, W. （2008）.，"Explaining the relationships between job characteristics，burnout，and engagement: The role of basic psychological need satisfaction," *Work & Stress*，no. 22 （2008）：pp. 277—294.

　　③ Deci, E. L. ，Ryan, R. M. ，Gagné, M. ，Leone, D. R. ，Usunov, J. ，& Kornazheva, B. P. （2001）.，"Need satisfaction，motivation，and well-being in the work organizations of a former Eastern Bloc country," *Personality and Social Psychology Bulletin*，no. 27 （2001）：pp. 930—942.

　　④ Ilardi, B. C. ，Leone, D. ，Kasser, T. ，& Ryan, R. M. （1993）.，"Employee and supervisor ratings of motivation: Main effects and discrepancies associated with job satisfaction and adjustment in a factory setting," *Journal of Applied Social Psychology*，no. 23 （1993）：pp. 1789—1805.

第二节　幸福感理论

一、幸福感理论的内容

本文研究的工作幸福感的理论基础之一——幸福感理论涉及内容较为丰富，根据研究目的，接下来将有关的幸福感的理论做如下归纳整理，主要涵盖幸福感的传统理论及快乐论（主观幸福感的理论来源）、现代心理健康双因素模型（心理幸福感的理论来源）、积极心理健康模型（主观幸福感、心理幸福感和社会幸福感综合的理论来源）。

（一）幸福感的传统理论和快乐论

1. 幸福感的传统理论

涵盖三个方面，分别是享乐主义、期待理论和客观目录理论。[①] 三者之间有着紧密的关联，都是基于愉悦感与主观情绪的，下面分别梳理。

第一，享乐主义的教义——最大限度地享受愉悦，最少限度地体验痛苦——早在几千年前就由斯蒂丝波斯提出，后经由伊壁鸠鲁重新阐述，并提出道德的享乐，意思是在最大程度体验愉悦感的时候要遵循我们基本的道德规范。基于享乐主义观点，幸福感是个体意识感觉体验的一部分。由此可见，幸福感就是生命过程中所有这些特殊感觉的总和，也就是卡纳曼所描述的自下而上的方法[②]去解释幸福。

第二，基于期待理论，其将幸福理解为个体欲望的实现，无关乎方式或过程的快乐感。同时，根据这一理论，评判幸福的最佳方式来自他人的认同，因为个体期望的实现有助于界定幸福。期望理论在一定程度上同享乐主义相符，毕竟个体所期望得到的大都是快乐的。

第三，在客观目录理论看来，幸福是人们追求自认为值得且迫切需要的东西，包括健康的身心、愉悦的享受、体面的工作、珍贵的情感、幸福的家庭等，这些也是完全符合享乐主义和期望理论标准的。客观目录理论并非简单地只是向我们解释什么是幸福，它还提醒我们去全面地评价我们的感觉和愿望。

---

① 克里斯托弗·彼得森：《积极心理学》，群言出版社，2010，第55—60页。
② 这种自下而上的研究幸福感的观点，一是评价幸福感的最佳方法是即时性，二是需要询问人们对其生命轨迹和生命展开形式的全面总结。

2. 快乐论

人本主义启蒙运动哲学家杰里米·边沁（Jeremy Bentham，1748—1832）的幸福论又称"快乐论"（hedonism），边沁（1789）最著名的口号是：全部人类效能相加的极致满足是社会规则拟定的前提，制度构建与完善的标准是人类幸福的实现程度。[①] 他提出作为自然与社会的个体，寻求快乐与享受是内心的一种本质活动。边沁有关个人追逐快乐同时逃避痛苦的说法是基于长久以来的快乐论观点。这与昔兰尼学派的看法一致，即"生命体在快乐幸福面前均会愉悦，而自然排斥困难与痛苦"[②]。边沁的功利主义（utilitarianism）幸福论表示，通过计量的手段衡量痛苦或快乐，并通过对比判断以提供选择方式。主观幸福感被从生活质量上界定为人们对自身生活满意程度的认知评价，这便是边沁影响下的"主观幸福"研究路线的源头。

随后的赛格里曼延续了边沁的快乐论，提出幸福的三个构面，即快乐（Pleasant）、充实（Engaged）及富有意义（Meaningful）的生活。其中快乐生活是个体抱以积极的态度面对人生的各个阶段，充实生活则是个体能够重复发挥个人能力的状态，富有意义的生活特指个体能够为富于正能量的组织作出贡献。拥有此种幸福观的个体在其生活中追求更多努力与付出，通过个人实力的发挥及与周边环境的有机融合，实现自我的人生价值。可见幸福感不仅仅取决于快乐的主观积极感受，还应包括内在的个人因素、态度及外在的环境及人际关系等。我们的想法必然会影响我们的感受，正如我们常会看到的那样：一个充满激情、对所拥有的一切充满感恩之心的人会拥有更多的幸福感。[③] 尤其当人处于逆境中的时候，这些内在品质及态度就更显重要。而作为天生的社会学动物，我们的幸福感同样也受到我们人际关系质量的影响。不少研究结论显示，幸福感概念的维度既包含愉悦的体验，也包括自我价值的实现，因此可以认为人们对幸福感的认识与理解是"快乐幸福论"与"实现幸福论"共同作用的结果。[④]

---

① Jeremy Bentham，*An Introduction to the Principle of Morals an Legiszation*，时殷弘译（Methuen &Co. Ltd. 1982，1.11），p. 57.

② 苗力田：《古希腊哲学》，中国人民大学出版社，1989，第 299 页。

③ 理查德·莱亚德（Richard Layard）著：《幸福感的社会》，侯洋译，浙江人民出版社，2015，第 8 页。

④ 苗元江、陈浩彬、朱晓红：《探索幸福的科学——积极心理学》，《中小学心理健康教育》2008 年 10 月，第 5—8 页。

（二）现代心理健康双因素模型

传统心理学认为，个体心理健康与心理疾病是两个完全没有关联的独立体，如果将其放于同一研究领域，则二者是绝对对立的关系，普遍赞同个体心理若无疾病那么个体心理就处于健康状态。以该观点为基础进行的人类心理疾病控制研究大都从控制个体负面情绪及问题入手，对个体心理健康进行定义并展开后续研究与对策制定。基于这一传统心理学观点的研究模式在此后很长一段时间一直处于主流地位。然而学者基耶斯（1998）[①] 在基于一项关于"健康人调查"的研究后指出，个体心理的健康面和疾病面应是两个相互关联且互相补充的共同体。同时伴随积极心理学运动的展开，关注个体心理健康及培育个体积极行为逐步成为研究者关注的重点。积极心理学认为研究个体心理健康应以积极态度为研究视角，集中对个体进行积极心态及行为的塑造，进而在培育个体正面心态的过程中实现减轻或消除心理疾病的目的。[②]

随后，基耶斯从积极心理学视角出发，构建了"现代心理健康双因素模型"（见图 3-1），并据此提出基于两维度相互依存的个体健康心理培育与提升策略。[③] 根据该模型，个体心理健康与心理疾病是两个紧密相关的统一体，治愈心理疾病后不代表个体就一定心理健康，因此只要努力培养个体的积极心态并不断提升个体心理健康水平，就是恰当的心理干预及治疗。同时，他还认为提升个体心理健康的干预行为本身就是积极预防及治疗心理疾病对策，为个体描绘快乐幸福的前景就是在帮助个体实现积极健康心理的自我构建。该双因素模型的构建及完善实现了对个体心理健康及心理疾病的重新考量，在一定意义上揭开了二者的关系及本质特性。积极心理学为现代心理健康双因素模型的提出做出了铺垫，而双因素模型的广泛应用则为积极心理健康的立足与完善奠定了强有力的基础。

"现代心理健康双因素模型"表示个体的积极心理健康包含没有心理疾病且内心持续产生积极情绪与积极倾向的状态，但不能否定持有积极状态的个体也会伴随出现部分心理疾病表现。如图所示，作为模型的两端，心理健

[①] Keyes C L M.，" Social well-being," *Social Psychology Quarterly*，no. 61 （1998）：pp. 121—140.

[②] 况志华、任俊：《积极心理学：人性的理性复归》，《南京林业大学学报》2007 年第 7 期，第 271—273 页。

[③] Tudor K.，*Mental health promotion：Paradigms and practice*（London：Routledge，1996）.

康与心理疾病是相互伴随，共同对个体心理起作用的。当个体处于中度或消极心理健康水平时也有可能出现部分心理疾病问题。

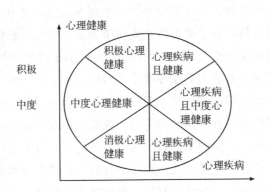

图 3-1　现代心理健康双因素模型

（三）积极心理健康模型

伴随积极心理学的深入发展，2007 年基耶斯基于之前的"现代心理健康双因素模型"，提出并建构了"积极心理健康模型"。他认为心理健康指的是个体远离心理问题/疾病，同时获得完美的幸福感受，并提出有别于主观幸福感和心理幸福感的社会幸福感概念。积极心理健康模型涵盖三方面内容，具体总结如下：

其一是个体积极情绪的感知，对应于个体主观幸福感，包含个体对生活各方面的较强掌控能力及满足状态；个体拥有积极向上的精神状态并乐于享受当下的生活。

其二是个体积极心理功能的培育，对应于个体心理幸福感，包括个体对自身状态及个性人格等的认同与肯定；不断追求提升自己的欲望；明确的生活价值与奋斗目标；良好的自控能力及环境适应能力；能够较好地适应社会并有个人原则；为人谦和并有着良好融洽的人际关系。

其三是个体积极社会功能的塑造，对应于个体社会幸福感，包括积极健康的生活认知态度；坚信组织或社会的良性发展；肯定自我的努力且认同他人的评价；积极乐观的社会认知与认同感；安定的社会及个人归属感。

二、幸福感理论与本研究的关系

经过对以上三种幸福感理论的梳理与总结，可以看出传统的幸福感理论与快乐论、现代心理健康双因素模型及积极心理健康模型可谓是一脉相承的，三者构建、完善了幸福感理论，相互补充的同时又彼此交融，构建并完善了工作幸福感的理论基础，为其深入研究与应用搭建了扎实的理论平台。

基于幸福感传统理论与快乐论基础的主观幸福感，是个人对所处环境及自我状态的积极评价，有着更多的正面情绪力量，是基于积极心理学研究范畴的个体对自身状况的综合评估与判断。[①]心理幸福感则不仅涉及个体情感认知，还重点探求自我能力的发挥及个人目标的实现。可见主观幸福感与心理幸福感有着截然不同的理论基础及风格迥异的研究目标，而幸福感及其理论的形成一直伴随着两种不同的研究切入视角及模式，但不可否认的是，两种幸福感观点又有着异曲同工之妙，为幸福感的深入研究建构出更为宽泛的研究视域与关注内容。尤其是在实践应用方面，二者存在相当多的交叉与重合，更出现了彼此融合、弥补的趋势，可见基于个体内在心理需求与外在环境相互补充匹配的发展模式下，整合两种幸福感研究是对幸福感深入剖析、深入挖掘、全面揭示的最佳选择。不同理论基础的加入为幸福感研究的发展提供了个体心理、背景情境及地域特征等的全面参考。

现代心理健康双因素模型在幸福感研究中为其打开了全新的研究视角与理论依据，将幸福感从单一解决个体心理疾病的泥沼中拉出，建构了全新的个体积极心理健康培育模式，澄明个体对幸福生活的向往即是对心理健康的追求。

而积极心理健康模型的提出更是顺应了时代发展的需求，更进一步地将积极社会功能（社会幸福感）从心理幸福感中剥离出来，强调人际关系、社会环境对人幸福感的影响。在积极心理健康全新理念的指导下，工作幸福感研究者可以借用积极心理学的研究模式，编制出匹配积极心理健康的员工工作幸福感测量准则及评判依据，为提升不同情境及组织范围内的员工的心理健康水平制定适合并有效的原则、标准及操作内容，以期有力促进员工工作幸福感的提升，并培育员工积极心理健康。

本研究基于主观幸福感和心理幸福感这两种不同视角，试图构建工作幸福感理论的完整图景。

---

① Ed Diener.，"Beyond the Hedonic Treadmill: Revising the Adaptation Theory of Well-Being," *American Psycholo-Gist*. no. 61（Apr. 2006）: pp. 305—314.

第三节 社会交换理论

一、社会交换理论的内容

半个世纪以来，社会交换理论成为研究员工—组织关系的最有影响的理论框架，已有研究成果大都借用社会交换理论来解释聘用双方的关系。使用社会交换理论用以说明企业组织与员工之间关联的方法得到了学界的广泛支持，其中最为经典的社会交换理论当属巴纳德、马雷和西蒙（Banard、Mareh & Simon）的员工与组织的社会交换理论，霍曼斯、福阿和布劳（Homans，Foa & Blau）的人际的社会交换理论，爱默生、古尔德纳和萨林（Emerson，Gouldner & Sallins）等的社会交换互惠原则理论。

（一）员工与组织的社会交换理论

巴纳德（1938）的研究指出组织是一个有机的完整系统，起到调节与融洽个体的作用。组织的重要构成成分之一是整合并满足不同组织成员的需求，同时收获个体对组织的贡献与回报。而组织对其成员提供的诱因或报酬是以满足员工基本生存条件为基础的，同时需要基于不同员工的特征及具体需求给予差别待遇。毕竟员工的需求各有差异，诱因的成本也有所不同，只有针对性地提供诱因才能实现组织成本最小化的同时达到员工—组织交换的效用最大化。而且也应根据员工对组织回报的差异性进行诱因的合理配置。随后，马雷和西蒙（1958）基于巴纳德的研究观点，开发出"诱因—贡献模型"用以说明组织—员工的连接关系。在该关系模式中，组织作为诱因的提供者是一个独立完整的个体，起到平衡员工贡献与员工收益的作用。员工与组织基于利益交换进行合作，即组织诱因吸引员工努力，而员工贡献是为了收获组织诱因，二者彼此影响，而组织由此诞生并延续下去。"诱因—贡献模型"理论是在社会交换观点的基础上建立起来的，更是深刻剖析并解释了员工与组织的关系，为后期涉及员工—组织关系的相关研究打下了坚实的理论基础。

（二）人际的社会交换理论

基于莱文森（Levinson，1965）[①] 的组织拟人化理论，企业职员偏向认同

[①] Levinson，H.，"Reciprocation：the relationship between rnan and organization," *Administrative Science Quarterly*. No. 9（Apr. 1965）：pp. 370—390.

组织为一客观对象，即将组织拟化为他人。持同样观点的还包括马雷和西蒙，其研究结论指出组织在员工—组织连接中扮演平衡组织诱因与员工贡献的角色，为此通过人际的社会交换理论也能在一定程度上解释员工—组织关系。随后，霍曼斯（1958）基于个体行为心理学理论，认为在组织情境下个体心理及行为动机源自群体间人际利益的相互作用及影响。他提出个体与他人的相互关联是建立在人际间平等互利、相互交换的基础上的，每个人都追求收益与成本的最大差异化。布劳（1964）把组织中人际的交换行为界定为个体因有从他人那里获得收益的刺激而发起的自发行动，且这一行为由他人回报与否决定。更把这种人际之间的交换做了细分：经济利益及社会交换，其中经济交换有着更为严苛的要求，如双方备留合作合同、交换方式详细明确，因此更能够保障双方的利益，并强化彼此的关系，促进合作关系的稳定与长久。伴随人际的社会交换理论研究的深入，为弥补先前研究的不足，福阿（1980）又将人际交换内容做了详细划分，涉及货币、商品、服务、信息、地位和爱，同时按照客观或主观、普通或特殊对其做了进一步细化分类；按具体或抽象、特殊或一般两个维度进行了排序。诸如相对最普通的货币，爱就是最特殊的；服务及商品相对客观，信息及地位则偏向主观。其实证调研的结果显示，与古尔德纳（1960）[①] 提到的同质互惠一致，相比不同类型的物品关系，个体倾向相近关联且关系紧密的类型互换。

相比员工与组织的社会交换中二者地位的不平等（组织地位更为强势，因而其交换内容及形式可能不平等），人际的社会交换中彼此地位更为接近，因此交换方式或内容也更为公平。但员工与组织的社会交换有着更为清晰、严格的关系界定及相对完整详尽的内容说明，进而保障了双方利益，也为交换双方关系的稳定与长久打下了基础。

（三）社会交换的互惠原则

在个体之间及个体与组织之间的社会交换，不管交换内容或形式有何不同，交换的基础应该是自愿及平等。古尔德纳在 1960 年就通过对功能主义社会学理论的研究，分析并提出了互惠原则。提出甲与乙合理关系的依据是甲对乙而言是需要且有用的，同时该观点也可延伸推广至人际关系的研究，甲与乙能够建立起关系的前提是：一方面甲对乙有适用性；另一方面乙也会为

---

① Gouldner, Alvin W., "The Norm of Reciprocity: A Preliminary Statement," *American Sociological Review*. No. 25 (Feb. 1960): pp. 161—178.

甲的服务提供回馈。随后他又对互惠概念做了划分，即异质互惠（Heteromorphic，交换等值却不同的东西）与同质互惠（Homeomorphic，交换方式或内容相同）。萨林（1972）在后续的研究中，对互惠定义做了补充并对就其维度做了重新划分：回报及时性、回报等同性与兴趣，进而有了普遍互惠、消极互惠及平衡互惠三种。其中普遍互惠含有利他成分，不强调交换内容或方式的平等性；消极互惠特指通过削弱他人实力获得自我收益；平衡互惠的典型特征是交换双方的地位及交换内容的是平等的。爱默生（1981）对互惠原则做了更进一步的研究，他认为交换双方对彼此交换的行为有着前期预判与预期，因此交易是互惠的，更是相互依存的。随后又将社会关系做了细分说明，即交易关系交换（涉及互惠交易，基于双方的贡献回馈）与生产关系交换（与合作概念相似，基于双方共同获利）。

通过梳理不同情境下员工与组织关系的研究文献，可以看到社会交换过程及理论的应用侧重各不相同，但不可否认组织—员工的关系在本质上就是员工与组织的社会交换。如艾森伯格和罗德斯（Eisenberger & Rhoades，1999）[1]提出员工与组织关系达成的前提是，员工认同组织并尽职工作从而获取利益与组织奖赏。马斯特森（Masterson，2000）等[2]的研究认为组织与员工基于各自利益进行交换活动，回报对方的同时更因收益建立起了更紧密的关联。

二、社会交换理论与本研究的关系

基于社会交换理论的内容，一旦组织对员工施以更为优越的环境及条件，员工将更加认可并忠实于该组织。因此员工与组织的关系就是员工与组织达成彼此信任后形成的社会交换关系，员工—组织关系的达成过程就是社会交换关系形成的过程。且这种交换关系存在于任何情境与组织内，双方关系一旦建立即表示员工须通过努力与贡献来获取组织的回馈与收益，期间组织会对员工的感知及情感提出一系列要求，诸如组织认同、组织承诺等。此

---

① Eisenberger. R. , Rhoades, L. , Cameron, J. , "Does pay for performance increase or decreace perceived self-determination and intrinsic motivation?" *Journal of Personality and social Psychology*. No. 77（May. 1999）：pp. 1026—1040.

② Masterson, S. S. , Barry, K. , Goldmam, M. , Taylor, M. S. , "Integrating justice and social exchange：the differing effects of fair procedures and treatment on work relationships," *Academy of Management Journal*. No. 43（Apr. 2000）：pp. 738—748.

外，员工对组织的贡献与回报也会促进组织的良性向上发展，而组织对员工的肯定与支持也会加速员工自我实现与完善的步伐，二者互相依赖，共同发展也是基于社会交换关系的作用。因此本文可借用社会交换理论来阐释传媒业知识型员工工作幸福感与组织承诺、创新绩效的关系，即知识型员工在组织中体验到的工作幸福感越强，对组织承诺的影响就越明显，作为交换，员工的创新行为会增多，进而创新绩效水平会提升。

此外，以下学者的研究也从不同侧面证实了社会交换理论对本研究的理论基础作用：卡肖和塞拉皮奥（Cascio & Serapio，1991）认为员工对组织及工作本身的感知及判断来自所处的外在环境及组织氛围，这种感知与判断是员工与组织交换关系的情感表达，会促进员工对组织的感情及态度形成，而感情及态度的倾向会投射到工作动机及行为上。迈耶等人的研究也表明，基于员工工作中的消极情绪（工作幸福感中也涵盖），根据社会交换理论，作为回报，员工对组织的承诺会降低，而实证结果也支持消极情绪对组织承诺存在负向影响；而情绪幸福感及认知幸福感均对组织承诺有正向影响，也从另一面肯定了社会交换理论在本研究中的基础作用。

第四章 研究设计

第一节 变量和测量

对研究概念的确切定义是研究假设能够正确有效建立的必要基础，同样也是学术研究展开及研究结论生成的前提（陈晓萍、徐淑英、樊景立，2008）。而变量是对研究概念的可操作化转变，将不具体且不可量化的概念转变为能够调查及可以检测的对象（陈昭全、张志学，2008）。而本研究的目标及出发点与前期研究相比略有不同，故研究中的三个变量及彼此关系也有所差异：工作幸福感为自变量，组织承诺为中介变量，创新绩效为因变量。

斯蒂文斯（1968）认为测量是学者们依据常有原则及习惯方式，对研究客体进行的一种以具体量化数据来表示的研究行为。这一过程所用的工具成为量表或测验。测量不是管理学研究的目的，而是我们讨论变量间关系的手段。任何测量都服务于特定的研究目的，理论不仅决定了我们需要测量变量的哪些特征，而且也决定了我们应该如何去测量（佩德哈苏尔和施梅尔金，Pedhazur & Schmelkin，1991）。本研究的具体分析及测量方式如下：

一、工作幸福感

我国学者黄亮（2014）编制的工作幸福感量表[①]是基于中国企业员工特点，采用质化研究和定量研究相结合的方法，在综合了主观幸福感及心理幸福感后，重新划分并界定了工作幸福感维度，开发编制了适合中国情境的企业员工工作幸福感量表，并进行了实证检验。研究指出中国情境下的工作幸

[①] 黄亮：《中国企业员工工作幸福感的维度结构研究》，《中央财经大学学报》2014年第10期，第84—112页。

福感包含四个维度，即情绪幸福感（包含员工积极与消极两方面的情绪感知）、认知幸福感（即员工的工作认知效能水平）、职业幸福感（包含员工工作胜任感、个体成长目标及被认同程度）及社会幸福感（即员工工作中的人际关系融洽度）。（1）情绪幸福感维度包含积极情绪体验因子和消极情绪体验因子，对应于主观幸福感研究中的个体工作状态感知。（2）认知幸福感是指员工在工作中的认知效能质量，这与主观幸福感视角的研究强调工作幸福感包含认知评估的观点（迪纳、大石、卢卡斯，2003；卢曼、霍克利、卡乔波，2012）相对应，也与主观幸福感视角的研究注重与工作相关的认知评估相关联。（3）职业幸福感涉及员工工作理想、工作匹配及工作认同三个要素，同时职业幸福感对应于心理幸福感研究中的个体工作追求、成长发展、自我肯定及认同。（4）社会幸福感是指员工在工作中的社会关系质量，这与基耶斯（1998）所提出的个体社会幸福感概念模型基本内容相似，并且对应于心理幸福感研究中的员工与工作场景的融洽及工作中良好的人际关系。工作幸福感四维度测量量表对中国上海、江浙及广东一带不同行业的 17 家企业中的主管与员工进行了匹配调查测量并基本得到验证（黄亮、彭璧玉，2015）。本研究选择采用黄亮（2014）编制的工作幸福感量表，并沿用其划分的四维度结构，若因地域、时间、人群特征等的改变影响了实证结论，出现维度及题项的部分变化与调整也是合理的。图 4-1 是本研究应用的工作幸福感结构维度图。

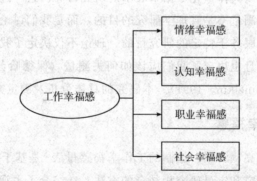

图 4-1 工作幸福感结构维度图

二、组织承诺

组织承诺的本土化研究已发展得较为成熟，我国学者刘小平（2002）在国外研究的基础上，将组织承诺在我国文化情境下进行了检验与修正，得出了更符合中国企业员工特征的组织承诺三维结构及题项内容。该量表经过长期多次使用，已被证实符合我国各行业及各领域的员工测试，最终形成了包含情感承诺、持续承诺和规范承诺三个维度（各维度均包括 6 题）的共计18 个题项。（1）情感承诺是组织员工对组织的贡献与投入程度，涉及对组织价值的肯定、作为组织一员的满足感和为组织目标的实现努力与坚持的程度。情感承诺是组织员工因对组织认同及依赖情绪而产生的一种员工—组织关系中的情感表达。（2）持续承诺特指组织员工因长期对组织的贡献与投入而形成的一种内心期待，为维持组织的回馈及维系这种关系进而选择继续为组织服务的状态，为了不失去已有位置和多年投入所换来的福利待遇而不得不继续留在该企业内的一种承诺。（3）规范承诺是组织员工基于外在环境影响对组织产生的一种责任或义务，为此选择继续为组织工作的内心承诺。基于社会情境，组织员工在不同阶段及状态下都会受到忠于组织、回报组织等的激励刺激，进而内心逐渐认同这一观点并产生忠于组织的行为，同时在心理上形成一种要回报组织的义务感。该量表的维度划分与艾伦和迈耶（1990）提出的组织承诺三维学说一致，且量表题项设计及表述更适合中国情境下的组织承诺研究。本文借鉴其研究结论，认定组织承诺由情感承诺、持续承诺和规范承诺三个维度构成，采用刘小平（2002）的组织承诺量表。图 4-2 是本研究应用的组织承诺结构维度图。

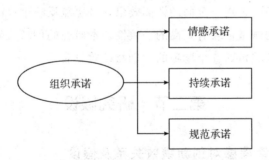

图 4-2　组织承诺结构维度图

三、创新绩效

根据以往的研究，员工创新绩效通常使用企业员工创新行为进行测量，员工创新行为的高低与概率在一定程度上表示了组织整体的创新实力、活力及绩效水平。而员工创新行为可以认为是个体基于工作及目标的实现、个体及组织绩效的提升而有意识地生成、借用和实施新办法的行动，涵盖创新想法的出现、促进与实施。由于本研究以我国传媒业知识型员工的创新能力为研究对象，所以本书就以员工创新意愿与行为为衡量标准。台湾学者吴静吉等（2006）的创新行为量表主要是在斯科特和布鲁斯（1994）创新行为量表的基础上进行检验与修正的。吴静吉等（2006a）为了研究科技管理员工创新行为，将斯科特和布鲁斯（1994）等的量表发展为 7 个条目，加入了新的题项，即"整体而言，我是一个有创意的人"，实证检验结论证明该量表有较好的结构效用。之后其就该量表进行不同人群特征及不同行业区域样本的测量，并根据测量结果对其修订的"创新行为量表"做出调整（吴静吉等，2006b），研究者李澄贤（台湾学者）就吴静吉（2006）修订的"创新行为量表"进行实证检验，结果也较为理想。可见该修订量表较为适合中国情境下组织员工的创新行为测量。随后，我国学者吴治国（2008）在此基础上，基于员工自我报告形式确定了 6 题项的创新绩效量表，通过实证验证并总结了之前学者的研究成果，本研究认为该量表更符合传媒业知识型员工的工作特征和认知水平。一般而言，员工创新行为是一种员工角色外行为，即常常提到的"组织公民行为"表现之一，同时，根据传媒业工作特征，员工创新行为通常是个人创新意愿与寻求工作突破的表现，所以本研究认为以员工自我感受表述为主的自陈报告形式进行我国传媒业知识型员工的创新行为测量能够实现更准确、客观、全面的评测效果，且更能反映个体的真实情况，比单纯外部评价的测量量表有更高的一致性。本研究的创新绩效量表采用吴治国（2008）修订的包括 6 个题项的"创新绩效量表"。

第二节　研究假设

一、工作幸福感对创新绩效关系及假设

　　赫茨伯格的双因素理论认为激励因素是人们满意情绪的前提，激励因素的改善能明显提升员工的积极性与心理满足感，更能使员工长期保持良好的工作表现。因此与激励因素相关的工作处理得好，可明显促进员工产生和增加满意的情绪，极大激发其工作热情与投入，提升工作效率。本研究中工作幸福感的构成维度大多属于激励因素的范畴，工作幸福感的提升表明其构成维度的改善，由此员工的创新绩效水平将随之提高。同时基于自我决定理论

中基本心理需求（自主需求、胜任需求和关系需求）的实现与满足是心理幸福感及个体幸福感的基础条件，因此，工作场景中员工内在的心理需求满意度的高低是检测员工心理幸福及工作健康与否的重要前提。基于已有研究，员工在三大基本心理需求满足的基础上较易提升工作满意度及工作幸福感。[①] 部分研究也证明基本心理需要的满足是影响员工幸福感、工作行为及绩效的核心内容，如伊拉尔迪、利昂、卡斯尔和瑞安（1993）[②] 发现那些对自主、胜任和关系等需要体验过更全面满意度的员工显示出更高的自尊、更好的幸福感和更积极的工作态度与行为。在组织心理学的有关研究[③]中，不少学者也发现员工工作自主与工作态度、投入及绩效的关系明显。

为此本研究认为，员工工作幸福感正向影响创新绩效。

基于个体心理学及人体神经科学的深入发展，新的研究结论[④]认为：个体如果感到更加愉悦与积极，其工作投入会增加、工作绩效会提升，由此个体更趋向成功。感知快乐幸福的个体更倾向于与身边人分享愉悦，进而展现对同事的更多支持与配合，并拥有更多的组织公民行为及更好的工作绩效水平（Judge & Scott，2006[⑤]；Ilies & Scott，2006[⑥]）。积极乐观的感知与情绪对员工绩效水平、创新行为等更有促进作用（Isen 等，1987[⑦]；Isen，2002[⑧]），由此能够帮助个体更有效解决问题，创造更多的高质量产出，提

---

① Pelletier L G，Dion S C，Reid R，et al. ，"Why do you regulate what you eat? Relations between forms of regulation, eating behaviors, sustained dietary behavior change, and psychological adjustment," *Motivation and Emotion*，no. 28（2004）：pp. 245—277.

② Ilardi，B. C. ，Leone，D. ，Kasser，T. ，& Ryan，R. M. （1993）. ，"Employee and supervisor ratings of motivation：Main effects and discrepancies associated with job satisfaction and adjustment in a factory setting," *Journal of Applied Social Psychology*，no. 23（1993）：pp. 1789—1805.

③ Breaugh J A. ，"The measurement of work autonomy," *Human Relations*，no. 38（1985）：pp. 551—570.

④ 曾令凤：《组织学校流量与工作绩效：工作幸福感的中介作用》，博士研究生论文，重庆邮电大学，2015，第28页。

⑤ Judge T. A. ，Scott B. A. ，Ilies R. ，" Hostility, job attitudes, and workplace deviance：test of a multilevel model," *Journal of Applied Psychology*，no. 91（Jan. 2006）：pp. 126—138.

⑥ Ilies R. ，Scott B. A. ，Judge T. A. ，"The interactive effects of personal traits and experienced states on inter-individual patterns of citizenship behavior," *Academy of Management Journal*，no. 49（Mar. 2006）：pp. 561—575.

⑦ Isen A. M. ，Dauhman K. A. ，Nowicki G. P. ，"Positive affect facilitates creative problem solving," *Journal of Personality and Social Psychology*，no. 52（Jun. 1987）：pp. 1122—1131.

⑧ Isen A. M. ，*A role of neuro psychology in understanding the facilitate influence of positive affect on social behavior and cognitive process*（NY：Oxford，2002）：pp. 528—540.

升员工非任务绩效（如创新绩效）。如，方彩萍等（2010）[①] 的研究显示，护士人员乐观、自信等积极情绪的培养有助于其工作幸福感水平的提升，另外也会促进其服务态度及水平的改善，并融洽护士与他人的关系。葛津津等（2012）[②] 基于医生的研究也得出了一致的结论，若医生拥有更多的积极乐观心态，那么在给病人治疗的过程中更容易得出正确且极具创意的判断，同时治疗的时间会比普通医生更短。阿乔尔（Achor，2010）[③] 指出相比消极情绪为主的销售人员，富含积极乐观情绪的销售员拥有更好的绩效水平，平均高出 50％以上。赖特和克罗潘扎诺（2004）的研究表明拥有较高工作幸福感的个体，其对组织目标、工作意义的理解与认知水平会更高，进而表现出更高的创新动机及行为。格雷琴·施普赖策等人通过实证调研发现，相比普通员工，积极乐观员工的绩效水平高出 16％以上。[④] 雪莱和周等（2004）提出相比其他前因变量，基于个体特征而言，乐观积极的个性态度更容易促进员工产生创新动机及行为，因此其研究佐证了员工工作幸福感对创新绩效的推动促进作用。[⑤] 黄亮（2015）基于情境力量理论和个体自我表征理论，构建了一个多层次被调节的中介模型，并就其划分的工作幸福感四维度测量量表对中国上海、江浙及广东一带不同行业的 17 家企业的主管及其 355 个下属员工进行了匹配调查测量，该研究深入探究了员工工作幸福感与创新绩效中间的深层次关系，寻找出了影响员工工作幸福感与创新绩效关系的心理中介变量和情境调节变量。[⑥] 另有国内学者的相关研究也支持工作幸福感与工作绩效具有正相关关系（谢爱武，2010；陈亮、孙谦，2008）。可见个体

---

① 方彩萍、叶志弘：《"心理日志法"在提升护士主观丰福感方面的作用》，《中华护理杂志》2010 年第 7 期，第 615—617 页。

② 葛津津、刘薇群、陈益清等：《护士工作幸福感的研究现状》，《中华护理杂志》2012 年第 8 期，第 763—765 页。

③ Achor S., *The happiness advantage: the seven principles of positive psychology that fuel success and performance at work* (New York: Crown Business, 2010).

④ 荣鹏飞等：《员工幸福度的管理现状、影响因素及对策研究》，《中国人力资源开发》2012 第 8 期。

⑤ Shalley, C. E., Zhou, J., Oldham, G. R., "The Effects of Personal and Contextual Characteristics on Creativity: Where Should We Go from Here?" *Journal of Management*, no. 30 (Jun. 2004): pp. 933—956.

⑥ 黄亮、彭璧玉：《工作幸福感对员工创新绩效的影响机制——一个多层次被调节的中介模型》，《南开管理评论》2015 年第 2 期，第 15—29 页。

良好行为表现的重要前提是充满积极乐观的情绪。[①] 由此本书认为，工作幸福感是一种积极的正能量，是提升创新绩效的最佳方法之一。[②]

据此，本书提出以下假设：

H1：传媒业知识型员工工作幸福感正向影响创新绩效。

H1-1：情绪幸福感正向影响创新绩效；

H1-2：认知幸福感正向影响创新绩效；

H1-3：职业幸福感正向影响创新绩效；

H1-4：社会幸福感正向影响创新绩效。

二、工作幸福感对组织承诺的影响

国内外的很多研究证明，拥有积极乐观情绪及高度认知水平的员工较易产生对组织的认同及承诺。弗雷德里克森（1998）的研究证实个体幸福感知的强烈更能帮助个体获取有利于自身发展及提高的外在资源或条件，而更多资源的占有会提升个体战胜挑战及赢得机会的可能，从而对组织表现出更多认同、承诺的心理倾向及行为。伊冯和布鲁内托（Yvonne & Brunetto）等人（2012）就澳洲近200名警探的调研后指出，基于其工作幸福感的提升，警探们对工作的投入及组织承诺水平均有上升，同时其对组织的情感依赖有显著提高。肖琳子（2006）认为员工工作幸福感正向影响并预测员工组织承诺及其部分维度。同时人际社会交换理论中的组织拟人化理论（莱文森，1965），认为员工会倾向于从整体把组织看作一个人。布劳（1964）把组织中人际的交换行为界定为个体因有从他人那里获得收益的刺激而发起的自发行动，且这一行为由他人回报与否决定。因此一旦员工工作幸福感水平提升，就会促进员工产生回报组织的想法与动力。另外也可从自我实现理论来剖析二者关系。通常来说，员工对组织的认识与分析来自本职工作，因此员工个人发展与职业规划同组织人力资源管理的连接紧密程度的关键就是，如何把组织目标及组织文化镶进员工工作中，并通过工作安排不断提升个体三大基本心理需求的满足程度，最终实现组织与员工的高度认同与信任，提升员工工作满意度的同时强化员工的组织承诺，并有效培育员工的工作自主与

---

① Achor S., *The happiness advantage: the seven principles of positive psychology that fuel success and performance at work* (New York: Crown Business, 2010).

② 苗元江、冯骥、白苏妤：《工作幸福感概观》，《经济管理》2009年10期，第179—186页。

自控能力。另外，自我决定理论在组织管理领域的结论也力证了工作幸福感对组织承诺的正向影响：组织氛围轻松、公平且支持感强会更好满足员工内心需求并正向影响员工积极动机的产生；参与型管理风格相比命令型领导特色更能促进员工绩效的提升；员工在此种组织环境更易表现出较高水平的组织承诺。[①]

据此，本研究提出假设：

H2：传媒业知识型员工工作幸福感正向影响组织承诺。

基于主观幸福感的研究结论[②]表示，如果员工对外在条件表示出满足时，对幸福感来自何方更易产生偏好及依赖。而个体三大基本心理需求是否满足是员工工作幸福感获取的前提，因此基于一定组织环境中，个体的需求得以满足会增强其对该组织的信任与依赖，进而促进其对组织的认同与承诺。格雷戈斯和迪芬多夫（Greguras & Diefendorff）[③]已经发现，基本心理需求（自我实现理论中的自主需求、胜任需求与关系需求）能够得到满足的员工会对组织有更高的情感承诺。迈耶等[④]也支持个体三大基本心理需求的满足会促进员工情感承诺的提升。其后续研究表明幸福感中的消极情绪因素能够负向影响组织承诺，幸福感涵盖的情感及认知维度均对员工工作满意度和组织承诺产生促进作用。魏钧（2009）提出知识型员工对于组织的认同与其积极的情绪体验有关。默丘里奥（1998）等[⑤]认为员工的观念如果趋于一致，同时工作态度与工作行为较为接近时，组织中的人际关系就会相对和谐，知识共享行为将增多，进而员工的组织承诺水平会有提高。汗（1990）[⑥]认为安定、舒适、预见性的工作氛围会加强员工内心安全感，而

---

① Deci，E. L.，& Ryan，R. M.，*Handbook of Self-Determination Research*（NY：The University of Rochester Press，2002）.

② Diener，E.，"Subjective Well-being：The Science of Happiness and a Proposal for a National Index，" *American Psychologist*，no. 55（Jan. 2000）：pp. 34—43.

③ Greguras，G. J.，Diefendorff，J. M.，"Different Fits Satisfy Different Needs：Linking Person-Environment Fit to Employee Commitment and Performance Using Self-determination Theory，" *Journal of Applied Psychology*，no. 94（Feb. 2009）：pp. 465—477.

④ Meyer，J. P.，Stanley，L. J.，Parfyonova，N. M.，"Employee Commitment in Context：The Nature and Implication of Commitment Profiles，" *Journal of Vocational Behavior*，no. 80（Jan. 2012）：pp. 1—16.

⑤ Meglino B. M.，C. R. E.，"Individual Values in Organizations：Concepts，Controversies，and Research，" *Journal of Management*，no. 24（Jun. 1998）：pp. 351—389.

⑥ A K. W.，"Psychological Conditions of Personal Engagement and Disengagement at Work，" *Academy of Management Journal*，no. 33（Apr. 1990）：pp. 692—724.

管理者作为组织规章的拟定者与决定者，打造了员工的工作氛围，因此基于管理者的依赖与肯定是员工内心安定的前提条件，员工对管理者的认可程度决定了其心理安全的程度，进而决定了组织承诺的水平。刘小平（1999）[①]的研究表示升职空间是员工个人职场规划的核心内容之一，如果组织能够根据员工的综合实力与努力付出予以肯定并嘉奖，将促进员工更加认可组织，加倍努力，进而提升其组织承诺水平。刘小平（2003）[②] 从目标导向、革新导向、支持导向、规则导向、团队关系、团队目标、领导风格和领导成员等方面研究了与组织承诺三个成分之间的关系，结果显示感情承诺和同事特征有显著的相关性。他主张相较于领导者对员工的影响，工作场所氛围的作用更大，若组织打造的工作环境相对舒适、开放，制度规章更加规范、平等，员工的发展空间及个人利益将更有保证，因此，完善的组织架构、组织规则与文化氛围会加强员工的组织承诺感，而大型跨国公司、上市企业等营造的工作环境相对更为舒适，这也是其员工组织承诺水平较高，更愿意为组织服务的原因之一。林南（2005）提出，群体中的社会关系的构建可以强化个体的身份和认同感，即当员工确信自己作为一个有价值的个体，并作为组织中可以共享组织资源与利益的组织成员时，他将对组织有着更深的依赖与承诺，但重要的前提是只有基于个体在组织中融洽的人际关系和良好稳定的社会地位，才能实现这种依赖与承诺。同时，员工组织内关系的情感需求（诸如管理者肯定、环境适应及团队合作）能够促进员工及组织间积极情感纽带的建立，加深员工的组织承诺。国内学者肖琳子（2006）的研究也发现，知识型员工工作幸福感（涵盖对工作任务的认可、工作成就的满足及人际关系的融洽等）与组织承诺的关系显著，且通过实证表明工作幸福感各方面可以正向预测情感承诺等。据此，本研究提出假设：

H2-1：情绪幸福感正向影响情感承诺；

H2-2：情绪幸福感正向影响持续承诺；

H2-3：情绪幸福感正向影响规范承诺；

H2-4：认知幸福感正向影响情感承诺；

H2-5：认知幸福感正向影响持续承诺；

[①] 刘小平：《组织承诺研究综述》，《心理学动态》1999 年第 7 期。

[②] 刘彧彧、黄小科、丁国林等：《基于上下级关系的沟通开放性对组织承诺的影响研究》，《管理学报》2011 年第 3 期。

H2-6：认知幸福感正向影响规范承诺；

H2-7：职业幸福感正向影响情感承诺；

H2-8：职业幸福感正向影响持续承诺；

H2-9：职业幸福感正向影响规范承诺；

H2-10：社会幸福感正向影响情感承诺；

H2-11：社会幸福感正向影响持续承诺；

H2-12：社会幸福感正向影响规范承诺。

三、组织承诺对创新绩效的影响

已有文献中的大量结论都支持：组织承诺可以促进员工积极工作行为的产生。具有高组织承诺水平的个体会更认同自身工作并拥有更高的工作投入，并基于工作的完成实现自我满足与自我挑战，因此这类员工将完成任务视同为自我需求满足的实现。这也能更好地解释为何高组织承诺水平的员工会为组织目标的达成付出更多，进而取得更好的工作绩效成绩。相关研究表明员工组织承诺正向影响员工工作绩效，尤其是情感承诺对关系与任务绩效。[1][2]其中，情感承诺与员工角色外绩效（如创新绩效、关系绩效等）有紧密关联，[3][4] 更有研究指出情感承诺正向影响创新绩效。[5] 陈和弗朗西斯科（2000）[6] 的研究表明规范承诺在情感承诺同员工绩效之间起调节作用。还有部分学者[7]指出，基于组织情境中持续承诺负向影响员工的部分行为，这

---

[1] Williams L. J. , Anderson S. E. , "Job satisfaction and organizational commitments as predictors of organizational citizenship and in-role behaviors," *Journal of Management*. no. 17 (Mar. 1991)： pp. 601—617.

[2] Van Scotter J. R. , "Relationships of task performance and contextual performance with turnover, job satisfaction, and affective commitment," *Human Resource Management Review*. no. 10 (Jan. 2000)： pp. 79—95.

[3] Mathieu J. E. , Zajac D. , "A review and meta-analysis of the antecedents, correlate, and consequences of organizational commitment," *Psychological Bulletin*. No. 108 (1990)： pp. 171—194.

[4] 王颖、张生太：《组织承诺对个体行为、绩效和福利的影响研究》，《科研管理》，2008 年第 2 期，第 142—148 页。

[5] 韩翼：《组织承诺维度及对角色和角色外绩效的影响》，《中国管理科学》，2007 年第 15 期，第 131—136 页。

[6] Chen Z. X. , Francesco A. M. , "The relationship between the three components of commitment and employee performance in China," *Journal of Vocational Behavior*. no. 56 (2000)： pp. 114—136.

[7] 张勉：《企业员工离职意向模型的研究与应用》，清华大学出版社，2006，第 19—20 页。

或许是具有高持续承诺水平的个体感觉与组织的关系更稳定且紧密，因而无法做出离开组织的决定，其工作表现是拖延症及工作投入度低。因此若仅基于物质利益交换，员工将更看重工作投入后的收入回报[①]，而企业也关注于员工的本职工作，进而员工与组织关系的紧密度将不再深入发展，员工的组织公民行为（创新行为）[②] 等将明显减少，角色外绩效（创新绩效）[③] 水平表现更低。据此，本研究从传媒业员工创新绩效的视角提出如下假设：

H3：传媒业知识型员工组织承诺对创新绩效存在影响。

H3-1：情感承诺正向影响创新绩效；

H3-2：持续承诺负向影响创新绩效；

H3-3：规范承诺对创新绩效不产生直接影响。

四、组织承诺的中介作用

知识型员工工作幸福感是基于组织承诺作用于创新绩效的，这点在已有文献梳理中可以佐证，不少研究者的研究结论表明组织承诺在员工内在工作动机、员工对组织的情感方面对创新绩效影响的过程中存在中介作用。组织承诺能够体现出员工对组织目标及价值的肯定，并通过对工作更多的投入表现出对组织的忠诚，进而展现更多的创新行为并实现创新绩效的改善。社会交换理论也可以很好地解释组织承诺在工作幸福感与创新绩效之间的中介作用。如巴纳德（1938）的研究指出组织是一个有机的完整系统，起到调节与融洽个体的作用。组织的重要构成成分之一是整合并满足不同组织成员的需求，同时收获个体对组织的贡献与回报。而组织对其成员提供的诱因或报酬是以满足员工基本生存条件为基础的，同时需要基于不同员工的特征及具体需求给予差别待遇。毕竟员工的需求各有差异，诱因的成本也有所不同，只有针对性地提供诱因才能实现组织成本最小化的同时达到员工—组织交换的

---

① Tsui A，Pearce J. L.，Porter L. M.，Tripoli A. M.，"Alternative approaches to the employee——organization relationship：does investment in employees pay off?" *Academy of Management Journal*. No. 40（May. 1997）：pp. 1089—1121.

② Janssen O.，"Innovative behavior and job involvement at the price of conflict and less satisfactory relations with co-workers," *Journal of Occupational and Organizational Psychology*. No. 76（2003）：pp. 347—364.

③ Janssen O.，"Fairness perceptions as a moderator in the curvilinear relationships between job demands，and job performance and job satisfaction," *Academy of Management Journal*. No. 44（2001）：pp. 1039—1050.

效用最大化。而且也应根据员工对组织回报的差异性进行诱因的合理配置。马雷和西蒙（Mareh&Simon，1958）基于巴纳德的研究观点，开发出"诱因—贡献模型"用以说明组织—员工的连接关系。在该关系模式中，组织作为诱因的提供者是一个独立完整的个体，起到平衡员工贡献与员工收益的作用。员工与组织基于利益交换进行合作，即组织诱因吸引员工努力，而员工贡献是为了收获组织诱因，二者彼此影响，而组织由此诞生并延续下去。

德西和瑞安（1991）[1] 提出组织承诺水平高的员工更愿意努力工作，回报组织，无论是工作内容还是工作结果，基于员工的自我内在激励，二者均可对组织员工激励效果起到推动作用，而知识型员工因为有更强的自我实现追求，为此可以摒弃较多的环境障碍，在更为多变的复杂情境中依据个人专业知识体系及应变思考能力完成工作、创新产品，而这种自我能力发挥与提升的过程将更充分地使其获得满足，实现工作价值与自我成就。王黎莹和陈劲（2008）[2] 认为在员工激励方面组织承诺起到关键作用，作为员工激励的根基，情感承诺是员工对组织的认同与依赖，其水平的高低能够帮助更好地实现自我价值及收入回报，进而产生较强的激励作用，此外，只有员工将组织目标作为个人发展方向时，才可实现对组织的奉献与回馈；而在员工激励方面规范承诺起到了保证作用，高规范承诺水平的员工拥有更强的组织责任与组织义务感，能够实现和组织的共进退；在员工激励方面持续承诺的影响也不容小视，高持续承诺水平的员工更加认可以往通过努力与贡献获取的成绩，进而为稳固地位或持续进步作出更多贡献，因此持续承诺对员工的激励作用得以提升。

基于巴伦和肯尼（Baron & Kenny）的中介变量筛选标准，中介变量必须同时与自变量和因变量存在较强相关性。如上所述，一方面组织承诺会受到情绪幸福感、认知幸福感、职业幸福感及社会幸福感的影响；另一方面组织承诺又对创新绩效有影响作用。因此，本研究认为组织承诺在工作幸福感与员工创新绩效之间起中介作用，假设如下：

H4：组织承诺在工作幸福感与创新绩效之间起中介作用。

---

① Deci E.L., Ryan R.M., *Perspectives in motivation* (Lincoln: University of Nebraska Press, 1991). pp.237—288.

② 王黎莹、陈劲，《知识型员工心理契约结构和激励机制》，《经济管理》2008年第1期，第17—21页。

五、研究假设汇总

基于前期分析，以下就本书的研究假设做出总结，见表 4 - 1。

表 4 - 1　研究假设汇总

H1：传媒业知识型员工工作幸福感正向影响创新绩效。	H1-1：情绪幸福感正向影响创新绩效； H1-2：认知幸福感正向影响创新绩效； H1-3：职业幸福感正向影响创新绩效； H1-4：社会幸福感正向影响创新绩效。
H2：传媒业知识型员工工作幸福感正向影响组织承诺。	H2-1：情绪幸福感正向影响情感承诺； H2-2：情绪幸福感正向影响持续承诺； H2-3：情绪幸福感正向影响规范承诺； H2-4：认知幸福感正向影响情感承诺； H2-5：认知幸福感正向影响持续承诺； H2-6：认知幸福感正向影响规范承诺； H2-7：职业幸福感正向影响情感承诺； H2-8：职业幸福感正向影响持续承诺； H2-9：职业幸福感正向影响规范承诺； H2-10：社会幸福感正向影响情感承诺； H2-11：社会幸福感正向影响持续承诺； H2-12：社会幸福感正向影响规范承诺。
H3：传媒业知识型员工组织承诺对创新绩效存在影响。	H3-1：情感承诺正向影响创新绩效； H3-2：持续承诺负向影响创新绩效； H3-3：规范承诺对创新绩效不产生直接影响。
H4：组织承诺在工作幸福感对创新绩效影响的过程中起中介作用。	

资料来源：本研究整理。

第三节　理论模型的构建

通过对已有研究的梳理和上述分析，本研究假设模型选取了工作幸福感的四个维度：情绪幸福感、认知幸福感、职业幸福感和社会幸福感；组织承诺三个维度：情感承诺、持续承诺和规范承诺；创新绩效为单维度作为研究变量。同时认为，工作幸福感对创新绩效、工作幸福感对组织承诺、组织承诺对创新绩效均存在影响作用，且组织承诺在工作幸福感与创新绩效之间起中介作用。并根据上节提出的研究假设构建模型，详见图 4 - 3、图 4 - 4。其中图 4 - 3 是三个变量之间的总体概括模型，图 4 - 4 是工作幸福感、组织承诺和创新绩效的总体关系模型。

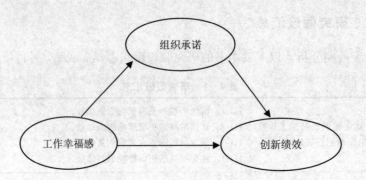

图 4 - 3　工作幸福感、组织承诺和创新绩效的总体概括模型

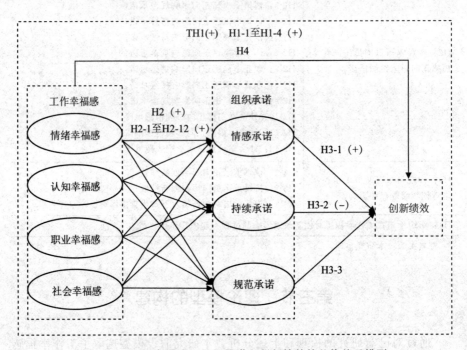

图 4 - 4　工作幸福感、组织承诺和创新绩效的总体关系模型

第五章　问卷设计与小样本测试

第一节　问卷设计

一、问卷设计的基本原则

徐淑英（2008）[1] 认为，在使用理论解释一个令人困惑的现象时（如实证检验一个理论），我们将构念转化成变量（variable），其是用计量等级标准来描述构念的。刘军（2008）[2] 认为社会科学研究是基于构念彼此的关联规律以助于个体分析现实生活中出现的状况，而构念隐藏在状况里，并不能被直接感知与测量，所以须将其指标化，进而用以测量构念的各项指标组成常说的量表。在管理研究中，问卷是研究者收集数据的最主要方法，构念的测量是基于问卷来表达的，大部分的管理学研究也都是用问卷法完成的。问卷（questionairs）编制通常涵盖问候信、解释说明部分、编码、题项及选择。[3] 在书写测量项目时需要遵循一些原则，本文通过文献查找与梳理，借鉴了国内外知名学者在问卷设计方面的相关研究，总结以下几个重要原则：

（一）设计问卷前的决策

从事实证研究项目，有一条重要的规律是：对于研究思路、理论基础、研究假设的确定必须提前于研究方法的设计。[4] 在设计问卷之前，须做出如下决策：问卷中要调查哪些变量？在此基础上，对研究内容分清重点、突出重点，避免设计出篇幅过长的问卷。问卷中的变量之间是什么关系？要

---

[1]　陈晓萍、徐淑英、樊景立：《组织与管理研究的实证方法》，北京大学出版社，2008，第21—55页。

[2]　刘军：《管理研究方法——原理与应用》，中国人民大学出版社，2008，第116页。

[3]　李怀祖：《管理研究方法论（第二版）》，西安交通大学出版社，2004，第144页。

[4]　陈晓萍、徐淑英、樊景立：《组织与管理研究的实证方法》，北京大学出版社，2008，第198—199页。

注意均衡地分布变量的比重。问卷中所含的变量是什么样的结构？人们的心理状态和行为趋向是复杂的，因此，许多组织行为学的变量具有多重维度，设计量表前须确定调查的变量所含有的维度以及本研究项目需要测量什么维度，研究人员需要从研究的实际出发，对具体维度进行具体分析，做出决策。

（二）确定量表的适用性（applicability）[①]

这一点在跨文化研究中尤为关键，适用性包含概念上的适用性、文化上的适用性和样本上的适用性。同时问卷的设计要考虑被调查者能否愿意并准确作答（巴比，2005），因为受文化情境、年龄、知识结构及职业等因素影响，不同行业及调查对象对同一类问题的回答存在差异性。对样本构成要有清楚的认识，在指导语、提问方式、题量安排方面都要有严密的考虑，特别是对借用先前学者成熟的量表时更应注意：量表的可行性（feasibility），尽量挑选与自己的研究专题最为匹配、最为合适的量表；尽可能沿用量表中所有的问题（item）；必要时可根据情境、对象变化进行适当修正。

（三）问卷内容需准确而简明

问卷设计总的原则应尽可能简明，尽可能使用受访者熟悉的语言，量表应尽可能短，测量项目越少，越可以减少被调查者因厌烦和疲劳而带来的偏差，从而便于回答和有吸引力。问卷只需涉及与调研目标紧密相关的题项，针对选择题项的备选答案须涵盖全面，同时备选答案之间应具备显著差异性。[②]

（四）题项答案设计须具备完备性和互斥性

答案是封闭式问题的重要组成部分，关乎题项价值的多少。每道题目都是针对某一变量的考量，因此答案的选择是对变量类型及要素的深入剖析与归类，这就要求所列出的答案包括所有可能的回答，不能有遗漏，不至于有的回答者无答案可选。如不能判断设定所有答案，即可加上"其他"选项。同时，答案之间又不能互相重叠，致使有的回答者可能选一个以上的答案。

（五）设计问卷时须避免的现象

第一，避免使用诱导性的问题。无论研究人员自身持有什么样的价值观

---

① 陈晓萍、徐淑英、樊景立：《组织与管理研究的实证方法》，北京大学出版社，2008，第194页。

② 刘军：《管理研究方法——原理与应用》，中国人民大学出版社，2008，第146页。

念和趋向,都必须保持客观和中立。在设计问卷时,避免将自身的价值趋向带入问题以求得到答卷者的呼应。第二,避免使用具有双重意义的问题。不少问题设置时涵盖因果关联,进而出现双重意义问题。第三,不要让答题者进行回忆式答题行为。第四,不要出现对答题者有引导倾向的问题,例如涉及社会普遍价值或道德良知的选择,会引诱答题者为期望保持正面形象而选择有悖于内心真实想法的答案。第五,不能把未经确认的事情当作前提假设。第六,不提有可能难以真实回答的问题。

(六)保护被调查者的隐私

问卷设计时可在显著位置如封面信中告知填答者,该问卷采取匿名填写方式,调查结果仅用于学术研究,不会公开问卷及个人隐私;题项在涉及被调查个人收入等隐私问题时可设立一定范围的备选答案,降低填答者公开个人隐私的戒备心理。

二、问卷设计过程

组织行为学的诞生与发展经历了漫长的岁月与庞杂的变更,其中涉及的概念定义的开发、分析、检测与最终认同是反复循环、不断被否定与肯定的,因此基于研究的发展,已有的界定与量表需要与时俱进,新的界定及量表也需要不断开发与编制。[①] 而问卷的设计需要根据不同地域、情景和调查对象进行设计修正与反复修改,以增强问卷的适用性。本文根据问卷设计的标准及原则,基于本研究涉及的相关变量及界定,实施了科学合理的问卷设计,程序如下:

(一)基于研究需要

笔者进行了大量相关文献的查找与梳理,通过对工作幸福感、组织承诺和员工创新绩效的国内外相关量表的分析与比较,对备选量表的选择标准是应用范围广、检验效果好及适合本研究情境及对象特征的成熟量表。同时,由于中西方文化背景差异较大,而通用的成熟量表又多为西方研究者开发,一方面存在语义理解偏差,翻译风险较大;另一方面不一定适合本土研究对象。考虑以上因素,本研究在量表的选择上,以国内研究者基于中国情境下开发的或以经典西方量表为基础进行本土使用并适当修正的成熟量表为

---

① 陈晓萍、徐淑英、樊景立:《组织与管理研究的实证方法》,北京大学出版社,2008,第196页。

主，同时参考对传媒业知识型员工及管理者实地调查与访谈所得的题项和组织行为专家及传媒研究者的相关意见，最终确定适合于本研究的参照量表。

（二）对相关参照量表的题项进行分析及归类，选择并确认初始量表

该项工作较为烦琐，笔者根据参照量表题项的特点进行分类与归纳：对于在国内外多个行业的相关实证研究中均得以成功检验，具有较高信度与效度的成熟量表，诸如组织承诺、创新绩效量表，大多数题项可以借鉴，个别题项根据研究对象范围和行业特性可进行适当修正与删减；对于国内外开发的，在国内特定行业尚未有修正后的成熟量表，如传媒业知识型员工工作幸福感量表，就需要在题项表达方面请教管理学专家及传媒业学者进行斟酌考量，同时尽可能多地搜集传媒业相关信息，在原有量表题项表述上进行适当调整与修正。

（三）前测性访谈

为保证量表内容、结构的有效性及题项表述的简明清晰感，本研究请教了两名组织行为学专家、两名新闻传播学者、两名传媒企业管理者及两名语言学研究者，经过广泛的探讨与意见征集，对初始问卷进行了系统科学的修正与完善。最终对问卷的整体结构、题项内容、题项关系、题项表述、备选项的选项合理性等方面进行了部分修改，并剔除了内容重复的题项。

（四）进行试调查

基于前侧性访谈得出的量表修正意见大部分是由管理学者及新闻传播研究者所提出的，故而部分没有相关专业知识的潜在问卷填答者可能会出现理解偏差或不容易理解等问题，由此，本研究进行了试调查，以期提高问卷质量。试调查共对包括中国教育电视台、北京师范大学出版社、上海世纪出版集团、辽宁电视台、辽宁日报报业集团、搜狐网北京分公司等三地的 8 家传媒企业的 32 名知识型员工进行，通过咨询答题的感觉及对题项的态度，以及问卷填答的情况，就被试者给出的合理且具操作性的提议针对各题项及问题做出调整与修正。

（五）通过小样本测试发现初始问卷的不足与缺陷

向北京、上海、天津、沈阳、大连的一些传媒企业发放了初始问卷进行小样本测试，对问卷的结构安排、语言措辞、理解偏差、选择重复、备选增添等情况进行了考察，同时使用 SPSS20.0 对问卷进行信度与效度检验。经过这一轮修正后，最终形成用于大样本调查的《传媒业知识型员工工作幸福感、组织承诺对员工创新绩效影响的调查问卷》。

第二节　确定测量量表

本书涉及三大变量，依次为自变量—工作幸福感、中介变量—组织承诺和因变量—员工创新绩效。针对每个量表的初始问题设计，均按照已有相关成熟量表中对变量的测定，在参照学界专家及业界管理者的意见参考上对每一量表进行内容安排与题项修正，问答选择均使用李克特7点等级计分。此外，还根据传媒业特征及发展现状，针对性地设计了基本资料统计量表。

一、工作幸福感量表

工作幸福感量表主要是参照黄亮（2014）编制的中国企业员工工作幸福感测量量表，辅以参考瓦尔尔（1990）和凡·霍恩（2004）的研究。黄亮编制的工作幸福感量表是基于中国企业员工特点，采用质化研究和定量研究相结合的方法，向北京市、上海市、安徽省、广东省及浙江省等地的国有、民营和三资企业的在职员工进行发放，在有效整合主观幸福感与心理幸福感两种视角的基础上，构建并验证了我国企业员工工作幸福感的测量量表与维度结构，总量表克朗巴赫系数（Cronbach's α）信度为0.902。该问卷将工作幸福感划分为四大维度，分别是情绪幸福感、认知幸福感、职业幸福感和社会幸福感，由29个题项构成，情绪幸福感的题项数为9，认知幸福感的题项数为5，职业幸福感的题项数为10，社会幸福感的题项数为5。其中，情绪幸福感维度与主观幸福感视角的研究关注与工作相关的情绪体验相一致；认知幸福感维度与主观幸福感视角的研究强调与工作相关的认知评估相联系；职业幸福感维度对应于心理幸福感中的任务目标、工作价值、自我提升与完善等；社会幸福感维度对应于心理幸福感中的组织环境适应及良好人际关系。其中，W1.5—W1.9这五个题项是反向计分的，量表采用李克特7点等级计分，由"1—完全不同意"到"7—完全同意"。另外，本书基于对媒体管理者的深度访谈，对量表相关问题做了一定调整。修正后的工作幸福感初始量表涉及四个维度，包含29个题目。具体内容参见表5-1。

表 5 - 1　工作幸福感的初始测量量表

维度	题　项	测量依据
情绪 幸福感	W1.1　工作使我感到放松	
	W1.2　工作使我感到平静	
	W1.3　工作使我感到满足	
	W1.4　工作使我感到乐观	
	W1.5　工作使我感到忧虑（R）	
	W1.6　工作使我感到抑郁（R）	
	W1.7　工作使我感到沮丧（R）	
	W1.8　工作使我感到苦不堪言（R）	
	W1.9　工作使我感到心神不安（R）	
认知 幸福感	W2.1　我能够容易地集中精神	
	W2.2　我感到自己思维清晰	
	W2.3　我感到自己容易集中精神进行思考	
	W2.4　我在思考复杂问题时能够从容得解	
	W2.5　我对自己思考复杂问题的能力有信心	黄亮（2014）； Warr P. B.（1990）； Van Horn（2004）； 专家建议
职业 幸福感	W3.1　我能够处理好工作中出现的任何问题	
	W3.2　我在工作中能够应付自如	
	W3.3　我认为自己在面对工作难题时比绝大多数人更有优势	
	W3.4　我喜欢在工作中为自己设定有挑战性的目标	
	W3.5　我享受在工作中做出新的尝试	
	W3.6　我在工作中偏好于选择有难度的任务	
	W3.7　我工作得到了领导的认可	
	W3.8　我在工作中付出的大量努力受到了单位的重视	
	W3.9　这个单位欣赏我的工作业绩	
	W3.10　我的工作得到了同事的赞誉	
社会 幸福感	W4.1　我对目前的工作单位有归属感	
	W4.2　我在工作单位中觉到自己与其他人的联系紧密	
	W4.3　我相信工作单位重视自己存在的价值	
	W4.4　我工作单位的成员都乐意为他人提供帮助而不求回报	
	W4.5　我相信工作单位的成员是友善的	

注：（R）为反向计分

二、组织承诺量表

从贝克尔（1960）提出组织承诺概念开始，对组织承诺这种心理现象的研究就没有停止过，同时针对其开发的各种量表更是成为组织行为学研究的热点之一。虽然西方国家针对组织承诺进行了大量研究，为我们提供了很好的研究基础，但由于不同国家管理体制、文化传统等方面的差异，本研究还是倾向于选择更适用于本研究、基于中国员工的组织承诺量表。本文主要参照刘小平（2002）开发的中国情境下组织承诺量表，辅以参考艾伦和迈耶（1990）的研究。刘小平的组织承诺量表在国内各行业领域十多年的实证研究中均被证实有良好的信度和效度。根据其对中国情境下组织承诺维度的分析与检验，该量表涵盖三个维度（情感承诺、持续承诺和规范承诺），每个维度各有 6 个题项，共 18 个题项。该量表是在组织承诺经典量表项目的基础上进行中国情境下的本土研究的结果，如西方传统的持续承诺及规范承诺分量表大都基于员工离开组织后的损失入手，而中国情境下的员工则基于继续为组织服务所获得的收益展开考量。同时该量表的维度划分与艾伦和迈耶（1990）提出的组织承诺三维度学说一致，且量表题项设计及表述更适合中国情境下的组织承诺研究。为方便传媒业知识型员工填答，将题项中的"企业"替换成"单位"，以符合行业特征及惯例。该量表采用李克特 7 点等级计分，由"1—完全不同意"到"7—完全同意"，组织承诺初始量表涉及内容具体如下，详见表 5 - 2。

表 5 - 2　组织承诺的初始测量量表

维度	题　项	测量依据
情感承诺	O1.1　我愿意付出额外的努力，以帮助工作单位成功经营	刘小平（2002）；Allen&Meyer（1990）；文献梳理、专家学者讨论。
	O1.2　我认为，我所在的工作单位比较理想	
	O1.3　为了能继续留下来，工作单位让我做什么工作都可以	
	O1.4　我觉得自己的价值准则和单位的很相似	
	O1.5　我会自豪地告诉别人，我是本单位的一员	
	O1.6　单位的目标能真正激发我的潜能，使我取得最佳成绩	
持续承诺	O2.1　我很庆幸当初选择进入了这个单位工作	
	O2.2　留在这家单位工作，是我能做出的最佳选择	

维度	题　项	测量依据
	O2.3　本单位的发展前景很好，继续留在本单位工作对我的发展前途有利	
	O2.4　在本单位，我能够发挥自己的特长，工作起来得心应手	
	O2.5　即使目前有更好的工作机会，我也不想去，因为我熟悉这里的环境和生活，它使我感到有安全感	
	O2.6　在本单位，我能够得到大家的支持与尊重，到其他地方去又只能是名"新兵"	
规范承诺	O3.1　我相信单位的管理者有能力，继续留在本单位工作不会受到亏待	
	O3.2　我继续留在本单位，是因为我觉得单位有恩于我	
	O3.3　单位为我提供了工作的机会，我就有义务报答单位	
	O3.4　我留在本单位，是因为身为其中的一员，有责任这样做	
	O3.5　如果现在离开本单位，我心里会有一种负疚感	
	O3.6　即使别的单位对自己更有利，我觉得目前也有义务继续为本单位服务	

三、创新绩效量表

通过对相关文献的梳理，针对员工创新绩效的测量通常采用员工创新行为予以分析，员工创新行为的高低与概率在一定程度上表示了组织整体的创新实力、活力及绩效水平。考虑到本文主要针对传媒业知识型员工的创造性，为此本研究重点考察员工的创新动机意愿与行为表现。而员工创新行为可以认为是个体基于工作及目标的实现、个体及组织绩效的提升而有意识地生成、借用和实施新办法的行动，涵盖创新想法的出现、促进与实施。一般而言，员工创新行为是一种员工角色外行为，即常常提到的"组织公民行为"表现之一，同时，根据传媒业工作特征，知识型员工创新行为一般是个体在工作中追求突破而展现出的创意愿望及表现，所以以自我感觉评价及自陈报告形式进行传媒业知识型员工创新行为的测量可以更全面真实地体现个体创意性及取得相对客观的测量结果，比外部评价的测量量表具有更高的一致性。本研究的创新绩效初始量表主要是吴治国（2008）的创新绩效量表，其在中国台湾学者吴静吉针对中国员工特征修订的创新绩效量表基础上，就大陆企业员工进行了量表检测与完善。同时亦参考了詹森（2000）和崔（2004）的研究。吴静吉等（2006）为研究科技管理员工的创新行为，在斯科特和布鲁斯（1994）创新行为量表的基础上进行了发展，增加了"整体而言，我是一个有创意的人"，克朗巴赫系数信度达到 0.88。随后，他们继续利用不同性质和特征样本对改编的"创新行为问卷"进行修订，因子提取均为一个：创新行为，克朗巴赫系数全部超过 0.80。基于本研究的客观对象特性，在咨询相关学界专家及业界管理者的基础上，就量表内容表述进行了相应调整与修正，形成针对传媒业知识型员工的创新绩效初始测量量表。该量表共包含 6 个条目，采用李克特 7 点等级计分，由"1—完全不同意"到"7—完全同意"。员工创新绩效初始量表题项内容如表 5－3所示。

表 5－3　员工创新绩效的初始测量量表

		题项	测量依据
创新绩效	I1.1	我经常从新的角度去思考工作中遇到的困难和问题	吴治国（2008）； 吴静吉等（2006）； Janssen（2000）和 Choi（2004）； 专家学者、传媒 管理者讨论
	I1.2	我经常会寻找一些新方法、技术或手段，并应用到工作当中	
	I1.3	我经常想出一些有创意的点子，找到一些独特的问题解决方案	
	I1.4	我会向别人阐述和推销自己的新点子，以获取单位领导和同事的支持与认可	
	I1.5	我喜欢尝试新工作方式，并寻找不同解决方案	
	I1.6	总体而言，我常表现出自己的创造力	

四、基本资料统计量表

为深入研究传媒业知识型员工个体特征对本书研究的影响，本研究基于人口统计学部分指标编制了传媒业知识型员工基本资料统计量表。内容涉及被调查者个人的性别、年龄、学历、任职年限和年收入，及供职单位的类型、性质和规模 8 个问题。具体参考表 5－4。

表5-4　基本资料统计初始测量量表

题项内容	来源
A1. 您的性别：（1）男　（2）女 A2. 您的年龄：（1）小于25岁　（2）25—35岁　（3）36—45岁 　　　　　　（4）45岁以上 A3. 您的最高学历：（1）大专　（2）本科　（3）硕士及以上 A4. 您的任职年限：（1）1—2年　（2）3—5年　（3）5年以上—10年 　　　　　　（4）10年以上—15年　（5）15年以上 A5. 您的年收入：（1）5万元以下　（2）5—10万元　（3）10—20万元 　　　　　　（4）20万元以上 A6. 您单位的类型：（1）电视台　（2）广播台　（3）报社　（4）出版社 　　　　　　（5）杂志社　（6）网站　（7）新媒体企业　（8）其他 A7. 您单位的性质：（1）国有/集体　（2）民营/私营　（3）外资/合资 　　　　　　（4）其他 A8. 您所在单位的规模：（1）0—50人　（2）51—100人　（3）101—300人 　　　　　　（4）301—500人　（5）500以上	根据问卷设计手册编写

第三节　前测性访谈

本研究在问卷设计的过程中为检验答题人对题项理解的准确性及提升问卷填答质量，进行了前测性访谈。同时，前测性访谈还能发现及反映出问卷设计者在设计过程中的不足与缺陷，避免正式问卷发放收集中可能会出现的重大失误及问题，提高题项设计的准确性及问卷编排质量。

本研究在前测性访谈阶段请教了两名组织行为学专家、两名新闻传播学者、两名传媒企业管理者（北京、辽宁各一名）及两名语言学研究者，经过广泛的探讨与意见征集，对初始问卷进行了系统科学的修正与完善。最终对问卷的整体结构、题项内容、题项关系、题项表述、备选项的选项合理性等方面进行了部分修改，并剔除了内容重复的题项，具体修改部分见表5-5。

表5-5　前测性访谈后的题项修订表

原始题项	修订题项
W1.2　工作使我感到平静	同W1.1　工作使我感到放松　语义重复，剔除
W1.6　工作使我感到抑郁（R）	同W1.5　工作使我感到忧虑　语义重复，剔除
W3.4　我喜欢在工作中为自己设定有挑战性的目标	同W3.6　我在工作中偏好于选择有难度的任务　语义重复，剔除

原始题项	修订题项
W4.4 我工作单位的成员都乐意为他人提供帮助而不求回报	W4.4 我工作单位的成员都乐意为他人提供帮助
I1.6 总体而言，我常表现出自己的创造力	I1.6 总体而言，我是一个具有创意的人
A5. 您的年收入：（1）5 万元以下（2）5—10 万元（3）10—20 万元（4）20 万以上	A5. 您的年收入：（1）10 万元以内（2）10—20 万元（3）20—30 万元（4）30 万元以上

第四节　试调查

经过前测性访谈，调查问卷中的很多题项内容及表述问题得到了发现与修正，但是否适合调查对象填答，还需谨慎对待。毕竟问卷内容是管理学及新闻传播学领域内的专家学者进行审核与调整的，他们大都具备较强的专业背景知识和理解表达能力，虽然问卷设计也咨询了部分传媒业内人士，但相比较而言，潜在的问卷填答对象可能会对题项的措辞、内容理解不准或出现偏差，为避免问卷发放后出现此类问题，在小样本测试前进行适当的试调查是十分必要的。为此，本研究进行了试调查工作，共对包括中国教育电视台、北京师范大学出版社、上海世纪出版集团、辽宁电视台、辽宁日报报业集团、搜狐网北京分公司等三地的 8 家传媒单位的 32 名媒体从业者做了前期问卷试调查，包含 15 位男性被调查者和 17 位女性被调查者。根据这 32 名传媒业知识型员工填答问卷的情况与各自感受，本研究获取了十分有价值的信息与反馈，并据此对问卷题项进行了部分修改与调整。具体试调查后的题项修改情况见表 5-6。

表 5-6　试调查后的题项修订表

原始题项	修订题项
W1.4 工作使我感到乐观	W1.4 工作使我感到快乐
W2.1 我能够容易地集中精神	W2.1 我能够容易地集中精神工作
W2.2 我感到自己思维清晰	W2.2 我感到自己在工作中思维清晰
W2.3 我感到自己容易集中精神进行思考	W2.3 我感到自己容易集中精神思考问题
O1.1 我愿意付出额外的努力，以帮助工作单位成功经营	O1.1 我愿意为单位付出额外的努力

续表

原始题项	修订题项
W2.5 即使目前有更好的工作机会，我也不想去，因为我熟悉这里的环境和生活，它使我感到有安全感	W2.5 即使目前有更好的工作机会，我也不想去，因为我熟悉这里的环境和生活，它使我有安全感
W2.6 在本单位，我能够得到大家的支持与尊重，到其他地方去又只能是名"新兵"	W2.6 在本单位，我能够得到大家的支持与尊重，到其他地方去只能是名"新兵"
W3.1 我相信单位的管理者有能力，继续留在本单位工作不会受到亏待	W3.1 我相信单位的管理者有能力，我愿意继续留在本单位工作
I1.3 我经常想出一些有创意的点子，找到一些独特的问题解决方案	I1.3 我经常想出一些有创意的点子，或找到一些独特的问题解决方案
I1.5 我喜欢尝试新工作方式，并寻找不同解决方案	I1.5 我喜欢尝试新的工作方式，并寻找不同解决方案
A4. 您的任职年限：（1）1—2 年（2）3—5 年（3）5 年以上—10 年（4）10 年以上—15 年（5）15 年以上	A4. 您的任职年限：（1）3 年以内（2）3—5 年（3）5 年以上—10 年（4）10 年以上—15 年（5）15 年以上

由前测性访谈的建议和随后试调查的结果，本书小样本测试的问卷内容得以形成。问卷共分四个部分：

首先为工作幸福感测量，涉及四个维度，即情绪幸福感、认知幸福感、职业幸福感和社会幸福感，共涵盖 26 个题目；其次为组织承诺测量，涉及三个维度，即情感承诺（6 题）、持续承诺（6 题）和规范承诺（6 题），共计 18 个题目；再次为创新绩效测量，由 6 个题项组成；最后是被试者的基本资料，包含 8 个题项。

第五节　小样本测试

经过上一个阶段的前测性访谈、试调查等对问卷进行了修正与调整，但这两种方法只是对量表进行的定性研究，量表内各个维度是否准确表述变量、题项与各维度是否匹配等，还需要进行定量研究才能实现更精准、严苛的检验。为此在正式大范围样本检测前，须做好小样本测试调查与数据收集工作。

一、小样本数据的调查

小样本测试于 2019 年 9 月 2 日至 2019 年 9 月 30 在北京、上海、重庆三个直辖市和湖南、辽宁两个省份展开，包括中国教育电视台、北京师范大学出版社、搜狐网北京分公司、机械工业出版社、上海世纪出版集团、上海人民广播电台、腾讯（大渝）网、《新女报》杂志社、辽宁日报报业集团、辽宁广播电视台、湖南人民广播电台等 16 家传媒企业。利用问卷网创建本研究问卷，每个企业发放问卷 10 份，同一创意团队/项目组不超过两人填答，全部为网页版（电脑填答）或手机版（QQ 或微信填答），共发放问卷160 份（每个传媒企业联系一人进行本企业内问卷转发），收回问卷 131 份（81.9％的回收率）。已有研究证实问卷回收率超过 70％的实证检验结论是有效的。[①] 删除无效问卷（同一问题出现两个以上答案或连续 8 题以上为同一答案选项的）后的有效问卷为 100 份（76.3％有效率）。本次小样本调查测试的人口统计学信息分析表详见表 5－7。

表 5－7　小样本测试的人口统计学特征基本信息统计分析表（N＝100）

人口统计学变量	类别	人数	百分比
性别	(1) 男	44	44％
	(2) 女	56	56％
年龄	(1) 小于 25 岁	9	9％
	(2) 25—35 岁	51	51％
	(3) 35—45 岁	32	32％
	(4) 45 岁以上	8	8％
学历	(1) 大专	7	7％
	(2) 本科	53	53％
	(3) 硕士及以上	40	40％
任职年限	(1) 3 年以内	25	25％
	(2) 3—5 年	11	11％
	(3) 5 年以上—10 年	22	22％
	(4) 10 年以上—15 年	29	129％
	(5) 15 年以上	13	13％
年收入	(1) 10 万元以内	68	68％
	(2) 10—20 万元	16	16％
	(3) 20—30 万元	12	12％
	(4) 30 万元以上	4	4％

① 李怀祖：《管理研究方法论（第二版）》，西安交通大学出版社，2004，第 147 页。

续表

人口统计学变量	类别	人数	百分比
单位的类型	（1）电视台	12	12％
	（2）广播台	6	6％
	（3）报社	24	24％
	（4）出版社	27	27％
	（5）杂志社	10	10％
	（6）网站	9	9％
	（7）新媒体企业	8	8％
	（8）其他	4	4％
单位的性质	（1）国有/集体	67	67％
	（2）民营/私营	22	22％
	（3）外资/合资	6	6％
	（4）其他	5	5％
单位的规模	（1）0—50 人	17	17％
	（2）51—100 人	18	18％
	（3）101—300 人	22	22％
	（4）301—500 人	11	11％
	（5）500 人以上	32	32％

在 100 个有效样本中，男性 44 人，占总数的 44％，女性 56 人，占总数的 56％，相对分配比例比较均衡。从年龄段来看，25—35 岁的知识型员工最多，为 51 人，占总数的 51％，其次为 35—45 岁，为 32 人，占总数的 32％，二者合计占到总数的 83％，可见传媒业知识型员工以中青年人群为主。在学历分布上，本科人数居多，为 53 人，占总数的 53％，硕士及以上人群为 40 人，占总数的 40％，这也合乎传媒创意职位对高学历人群需求为主的现状。任职年限分布比较均衡，其中 10 年以上—15 年的最多，为 29 人，占总数的 29％，其次为 3 年以内，为 25 人，占总数的 25％。年收入以 10 万元以内的为主，为 68 人，占总数的 68％，而 10 万元以上三个档次的人数比例只占到 32％，可见小样本中对年收入这一项的划分还需要调整，为进一步探清传媒业知识型员工的收入水平，在接下来的大样本问卷中可将年收入 10 万元以内分成两个阶段：5 万元以内和 5—10 万元。单位类型中，前三甲分别是出版社（27 人，占比 27％）、报社（24 人，占比 24％）、电视

台（12 人，占比 12%），该数据显示的结果也符合传统媒体各行业市场结构占比排名情况。[1] 单位性质中，国有与集体的填答者为 67 人，占比 67%，民营、私营、合资与外资的填答者为 28 人，占比为 28%。单位规模中，500 人以上企业的填答者为 32 人，占比 32%，100 人以内小规模媒体企业的填答者为 35 人，占比 35%。就单位性质和单位规模两项的调查结果来看，与我国传媒业近五年来加快集团化、规模化发展的指导意见相符合。[2]

二、小样本测试的评价方法

主要涉及对小样本测试问卷的信度分析与效度检验，以此完成评价。

（一）信度检验

美国心理学会（American Psychological Association，1995）认为信度是"测量结果免受误差影响的程度"。即针对客体实施反复检测，结论的统一性，是就问卷内容全面稳定的一种测试与考量，也是问卷效度检测的前提。[3]

校正题项后的总相关系数（Corrected-Item Total Correlation，CITC）是问卷信度考察的标准之一，是某一量表题项同相关题项总分的简单相关系数。一般适用于探索性因子分析前，可以有效避免并减少变量形成多个维度，更能全面客观地分析各因子，完成题目的确定（Churchill，1979）。通常题目删除的评判指标是，在删除总相关系数值＜0.3 的题目后问卷的信度得以提升（卢纹岱，2002）。此外，另一检测量表信度的指标是克朗巴赫系数，该值越大则证明量表题目间的相关性越好，也表明检测项目真实有效体现了需要测量的内容范围。企业管理及组织行为学研究中认定，克朗巴赫系数＞0.9 对应于问卷信度非常理想；克朗巴赫系数处于于 0.8 至 0.9 之间对应于问卷信度较为理想；克朗巴赫系数处于 0.7 至 0.8 之间对应于问卷信度可以接受；克朗巴赫系数＜0.7 对应于问卷信度不理想。因此，克朗巴赫系数值应至少达到 0.7（Gay，1992；Nunnally，1994）。

---

① 崔保国：《2014 年：中国传媒产业发展报告》，社会科学文献出版社，2015，第 6 页。2014 年中国传媒产业各行业市场结构图显示传统媒体排名前三为电视、报纸、出版。

② 文春英、顾远萍：《当代中国大众传媒研究》，中国传媒大学出版社，2013，第 118 页。国家在推进文化传媒集团建设的同时，也制定了相关政策推动传媒企业"跨地区、跨媒体、跨行业"发展。

③ 刘军：《管理研究方法——原理与应用》，中国人民大学出版社，2008，第 122 页。

（二）效度检验

效度指的是问卷各题目的真实检测值反映测量变量的大小程度，涉及量表的内容效度和结构效度两种。其中问卷的内容效度（content validity）是指问卷内容在检测构念时能够反映的程度大小[①]（Haynes，Richard & Kubany，1995）。内容效度作为构念效度的重要基础，必须充分涵盖构念的核心部分。已有实证调查研究基本采取定性研究的方法来检测量表问卷的内容效度，通常采用专家学者咨询法来检测该构念能否有效反映个体内心对其的判断与认知。[②] 本书进行测量变量的对应量表是基于相关文献的查找后，在充分把握其内涵的基础上，通过引用已有成熟量表并经过专家建议、企业咨询等严谨步骤对其进行适当修改而形成。针对初始测量量表本研究又进行了小范围被调查者的前测性访谈工作，并做了试调查，在前期调研的基础上，根据被试者的调查感受、对问卷设置的建议做了问卷内容表述及题目顺序等的删改和补充。基于此，本研究认为该调查量表的内容效度较为理想。

结构效度也被称为建构效度，是检测问卷内各题目可否有效反映变量中各维度的程度。鉴于小样本测试是为删减题目的，因此本文使用探索性因子分析对测量量表的结构效度进行检验。

探索性因子分析（exploratory factor analysis，EFA）是常规的编制量表的方式之一。如果没有准确的理论支持或首次采用测量指标，可能不能精准确认该指标与所测构念的关系，这时一般会对所有指标进行测量，随后对其结论做因子分析，最后由因子载荷值进行测量构念的效度判断。[③] 若对该维度测量的各指标可以实现聚合且因子载荷较大，那么便证明该检测指标的内容结构完整清晰，被测试构念的效度较为理想。基于探索性因子分析，如果因子载荷值很低，或没有落在测试因子上，便能判断其与测量构念无关，可以删除。在删除了不合格的指标后，需要重新搜集数据、进行因子分析以便准确判断所测量构念的内部结构。通常在做探索性因子分析时有个重要前提，即应采取 KMO 检验（Kaisex-Meyer-Olkin Measure of Sampling Ade-

---

① 在使用理论解释一个令人困惑的现象时（如实证检验一个理论），我们将构念转换成变量（variable）。变量时以一定刻度变化来反映概念的指标（indicator）。

② 陈晓萍、徐淑英、樊景立：《组织与管理研究的实证方法》，北京大学出版社，2008，第335页。

③ 陈晓萍、徐淑英、樊景立：《组织与管理研究的实证方法》，北京大学出版社，2008，第337页。

quacy）及巴特利特球度检验（Bartlett test of sphericity），这是因子分析的前提条件。KMO 检验主要适用于原始变量是否适合做因子分析的检验，KMO 值越接近于 1，则说明变量间相关性越强，则表示其适合做因子分析。基于已有研究，一般认定 KMO 值＞0.7 则能够进行因子分析（KMO 值＞0.9 对应于极为适合进行因子分析；KMO 值处于 0.8 至 0.9 之间对应于适合进行因子分析；KMO 值处于 0.7 至 0.8 之间对应于可以进行因子分析），若 KMO 值＜0.7 则不太适合进行因子分析（马庆国，2002）。另外小范围样本还须进行巴特利特球度检验，如果统计值显著性概率低于或等于显著性水平则能够进行因子分析（薛薇，2009）。

三、小样本测试的评价程序

基于本研究的前测性访谈（部分专家与传媒业界领导访谈）和试调查（传媒业知识型员工的试调查），使测量问卷的内容效度达到了较好水平，因此接下来的小范围样本检测就由信度与结构效度测评组成。具体步骤如下：

首先，针对问卷内题项做信度分析，对 CITC 值大于 0.3 的题项予以保留；其次，对余下题项做 KMO 及巴特利特球度检验，根据结果判断是否合适进行因子分析；再次，做探索性因子分析，使用主成分因子分析法及方差最大法提取公因子，选择特征根值大于 1 的因子进行提取，一般认为总的测量项目方差被解释的比例 60% 是最低可接受比例（Ford，Mac Callum ＆ Trait，1986），删除因子载荷＜0.5 的题项及因子载荷＞0.5 但横跨多个维度的题项；最后，对剩下的合格题项进行各维度及各分量表的克朗巴赫系数检验，以确保量表可信度。

四、小样本数据的信度和效度分析

（一）工作幸福感量表的信度和效度分析

1. 信度分析

从表 5-8 可以看到，工作幸福感量表涵盖的 26 个题目中，只有 W4.5 题项的 CITC 值＜0.3，其余 25 个题目的 CITC 值均＞0.3。根据评测原则删除 W4.5 题项，随后分量表和整体工作幸福感量表的克朗巴赫系数值（0.921）都提高了，表明删减不合适题项后的量表信度水平符合研究要求。情绪幸福感、认知幸福感、职业幸福感、社会幸福感四个维度的克朗巴赫系数分别为 0.851、0.848、0.862、0.790，均大于 0.7 的可接受标准，信度水平较高，符合研究要求。

表5-8 工作幸福感量表信度分析表

测量维度	题项	CITC	评价	各维度的克朗巴赫系数	工作幸福感量表的克朗巴赫系数
情绪幸福感	W1.1	0.521	合理	0.851	0.920 剔除 W4.5 后克朗巴赫 α 系数为 0.921
	W1.2	0.530	合理		
	W1.3	0.654	合理		
	W1.4	0.448	合理		
	W1.5	0.486	合理		
	W1.6	0.500	合理		
	W1.7	0.509	合理		
认知幸福感	W2.1	0.581	合理	0.848	
	W2.2	0.483	合理		
	W2.3	0.593	合理		
	W2.4	0.646	合理		
	W2.5	0.642	合理		
职业幸福感	W3.1	0.588	合理	0.862	
	W3.2	0.639	合理		
	W3.3	0.602	合理		
	W3.4	0.488	合理		
	W3.5	0.493	合理		
	W3.6	0.665	合理		
	W3.7	0.571	合理		
	W3.8	0.532	合理		
	W3.9	0.502	合理		
社会幸福感	W4.1	0.603	合理	0.760 剔除 W4.5 后克朗巴赫 α 系数为 0.790	
	W4.2	0.412	合理		
	W4.3	0.624	合理		
	W4.4	0.346	合理		
	W4.5	0.295	剔除		

2. 工作幸福感量表的 KMO 和巴特利特球度检验

表5-9 显示的是对净化后的工作幸福感量表题项进行的 KMO 和巴特利特球度检验，KMO 值是 0.841，巴特利特球度检验的统计值显著性水平

是 0.000，低于 0.05 的显著性水平，说明工作幸福感量表可以做因子分析。

表 5 - 9　工作幸福感量表的 KMO 和巴特利特球度检验

取样足够度的 KMO 度量		0.841
巴特利特球度检验	近似卡方	1413.830
	df	300
	Sig.	0.000

3. 工作幸福感量表的探索性因子分析

本研究采用 SPSS20.0 对工作幸福感量表进行探索性因子分析，得出工作幸福感量表的总方差解释表（表 5 - 10）和工作幸福感量表的因子载荷表（表 5 - 11）。从工作幸福感量表的总方差解释表看到，参照基于特征根值大于 1 的原则得到三个因子，公因子累计方差贡献率是 66.802%，说明量表具有较好的结构效度。一般认为总的测量项目方差被解释的比例 60% 是最低可接受比例（Ford，Mac Callum & Trait，1986）。[①] 从表 5 - 11 可以看出工作幸福感量表中有 23 个因子载荷均大于 0.5，W2.1、W3.4 和 W4.1 出现因子载荷小于 0.5，分别为 0.464、0.459 的情况，应予以剔除。"W3.5 我在工作中偏好于选择有难度的任务"横跨因子 2 和因子 3，实施删除。此外，在进行探索性因子分析后，职业幸福感的题项"W3.1 我能够处理好工作中出现的任何问题""W3.2 我在工作中能够应付自如""W3.3 我认为自己在面对工作难题时比绝大多数人更有优势"移到了认知幸福感维度中，可以认为中国情境下基于传媒业企业的独特性，在传媒知识型员工的认知中，工作幸福感变量中的部分职业幸福感题项与认知幸福感题项都是基于工作任务的自我剖析与理解，这与媒体工作更倾向于自我挑战与突破创新相符合，由此，本文将认知幸福感与部分职业幸福感题项合二为一，界定该维度为职业认知幸福感。职业幸福感的题项"W3.6 我的工作得到了领导的认可""W3.7 我在工作中付出的大量努力受到了单位的重视""W3.8 这个单位欣赏我的工作业绩""W3.9 我的工作得到了同事的赞誉"串到了社会幸福感维度里，同理可以推断，工作幸福感变量中的部分职业幸福感题项与社会幸福感题项都是基于工作中企业与个人、个人与个人之间的关系分析与认识，这与媒体工作更倾向于团队合作与项目工作制相符合，由此，本文将社会幸

---

① 刘军：《管理研究方法——原理与应用》，中国人民大学出版社，2008，第 122 页。

福感与部分职业幸福感题项合二为一，界定该维度为社会关系幸福感。维度的重新划分也可以由前期研究成果予以证实，在个人利益服从集体利益的意识强化下，中国人更具大局意识与忍让精神，因此员工的幸福感在一定程度上会通过组织目标的达成、组织价值的实现等得以展现。同时员工更倾向于将个人实现、成就需求与组织发展整合起来，进而员工会更多地为组织利益服务，表现更多的利他动机及行为，并拥有很强烈的组织归属感与融洽人际关系的需求。最后，为保持各维度名称一致，将情绪幸福感维度改名为工作情绪幸福感。

表 5 - 10　工作幸福感量表因子分析的总方差解释表

成分	初始特征值			提取平方和载入			旋转平方和载入		
	合计	方差%	累计%	合计	方差%	累计%	合计	方差%	累计%
1	9.009	36.034	36.034	9.009	36.034	36.034	7.202	28.808	28.808
2	4.686	18.744	54.778	4.686	18.744	54.778	5.893	23.572	52.380
3	3.006	12.024	66.802	3.006	12.024	66.802	3.605	14.442	66.802

表 5 - 11　工作幸福感量表各维度的因子载荷表

维度	题　项	因子载荷		
		1	2	3
工作情绪幸福感	W1.1　工作使我感到放松	0.610		
	W1.2　工作使我感到满足	0.736		
	W1.3　工作使我感到快乐	0.722		
	W1.4　工作使我感到忧虑	0.785		
	W1.5　工作使我感到沮丧	0.812		
	W1.6　工作使我感到苦不堪言	0.665		
	W1.7　工作使我感到心神不安	0.721		
职业认知幸福感	W2.1　我能够容易地集中精神工作		0.464	
	W2.2　我感到自己在工作中思维清晰		0.550	
	W2.3　我感到自己容易集中精神思考问题		0.706	
	W2.4　我在思考复杂问题时能够从容得解		0.776	
	W2.5　我对自己思考复杂问题的能力有信心		0.831	
	W3.1　我能够处理好工作中出现的任何问题		0.728	
	W3.2　我在工作中能够应付自如		0.641	

维度	题 项	因子载荷		
		1	2	3
	W3.3 我认为自己在面对工作难题时比绝大多数人更有优势		0.726	
	W3.4 我享受在工作中做出新的尝试		0.520	
	W3.5 我在工作中偏好于选择有难度的任务		0.626	0.523
	W3.6 我的工作得到了领导的认可			0.500
	W3.7 我在工作中付出的大量努力受到了单位的重视			0.538
	W3.8 这个单位欣赏我的工作业绩			0.554
社会关系幸福感	W3.9 我的工作得到了同事的赞誉			0.506
	W4.1 我对目前的工作单位有归属感			0.459
	W4.2 我在工作单位中感觉到自己与其他人的联系紧密			0.785
	W4.3 我相信工作单位重视自己存在的价值			0.680
	W4.4 我工作单位的成员都乐意为他人提供帮助			0.723

4. 工作幸福感量表的克朗巴赫系数信度分析

由表 5-12 可知,调整后的工作幸福感测量量表各维度的克朗巴赫系数分别是工作情绪幸福感 0.851、职业认知幸福感 0.888、社会关系幸福感 0.830,表明量表维度划分较为合理。且整体量表的克朗巴赫系数为 0.912 也大于 0.7,说明修正后工作幸福感量表具有良好的内部一致性,符合研究要求。

表 5-12 工作幸福感量表信度分析表

测量维度	题项	各维度的克朗巴赫系数	工作幸福感量表的克朗巴赫系数
工作情绪幸福感	7	0.851	
职业认知幸福感	7	0.888	0.912
社会关系幸福感	7	0.830	

(二)组织承诺量表的信度和效度分析

1. 信度分析

由表 5-13 可知,组织承诺测量量表各题项的 CITC 值都大于 0.3,且组织承诺量表的各个维度和整体克朗巴赫系数均大于 0.8,说明量表信度较为理想,题项设置较为合理。

表 5 - 13　组织承诺量表信度分析表

测量维度	题项	CITC	评价	各维度的克朗巴赫系数	组织承诺量表的克朗巴赫系数
情感承诺	O1.1	0.413	合理	0.844	0.926
	O1.2	0.711	合理		
	O1.3	0.583	合理		
	O1.4	0.617	合理		
	O1.5	0.598	合理		
	O1.6	0.628	合理		
持续承诺	O2.1	0.700	合理	0.858	
	O2.2	0.739	合理		
	O2.3	0.768	合理		
	O2.4	0.605	合理		
	O2.5	0.634	合理		
	O2.6	0.462	合理		
规范承诺	O3.1	0.727	合理	0.858	
	O3.2	0.471	合理		
	O3.3	0.653	合理		
	O3.4	0.625	合理		
	O3.5	0.561	合理		
	O3.6	0.619	合理		

2. 组织承诺量表的 KMO 和巴特利特球度检验

从表 5 - 14 可以看到，组织承诺量表的 KMO 值是 0.896，巴特利特球度检验的统计值显著性水平为 0.000，小于 0.05 的显著性水平，表明该量表较为适合进行因子分析。

表 5 - 14　组织承诺量表的 KMO 和巴特利特球度检验

取样足够度的 KMO 度量		0.896
巴特利特球度检验	近似卡方	1050.849
	df	153
	Sig.	0.000

3. 组织承诺量表的探索性因子分析

本研究采用 SPSS20.0 对组织承诺量表进行探索性因子分析，得出组织承诺量表的总方差解释表（表 5 - 15）和组织承诺量表的因子载荷表（表 5 - 16）。从组织承诺量表的总方差解释表看到，参照基于特征根值大于 1 的原则得到三个因子，公因子累计方差贡献率是 63.540 ％，说明量表具有较好的结构效度。从表 5－16 可以看出，情感承诺的 6 个题项中的 O1.1、O1.2、O1.4、O1.5、O1.6 五个题项落在了因子 1 上，且因子载荷值均大于 0.5，予以保留。但是，O1.3 "为了能继续留下来，工作单位让我做什么工作都可以"横跨因子 1 和因子 3，实施删除。持续承诺的 6 个题项全部落在了因子 2 上，且因子载荷值均大于 0.5，说明各题项设置合理。规范承诺中有五个题项落在因子 3 上，且因子载荷值均大于 0.5，予以保留。但是，O3.1 "我相信单位的管理者有能力，我愿意继续留在本单位工作"横跨因子 2 和因子 3，实施删除。

表 5－15　组织承诺量表因子分析的总方差解释表

成分	初始特征值			提取平方和载入			旋转平方和载入		
	合计	方差％	累计％	合计	方差％	累计％	合计	方差％	累计％
1	8.153	45.297	45.297	8.153	45.297	45.297	5.374	29.853	29.853
2	2.027	11.261	56.558	2.027	11.261	56.558	3.825	21.248	51.102
3	1.257	6.982	63.540	1.257	6.982	63.540	2.239	12.438	63.540

表 5－16　组织承诺量表各维度的因子载荷表

维度	题　项	因子载荷		
		1	2	3
情感承诺	O1.1　我愿意为单位付出额外的努力	0.657		
	O1.2　我认为，我所在的工作单位比较理想	0.775		
	O1.3　为了能继续留下来，工作单位让我做什么工作都可以	0.504	0.523	
	O1.4　我觉得自己的价值准则和单位的很相似	0.739		
	O1.5　我会自豪地告诉别人，我是本单位的一员	0.800		
	O1.6　单位的目标能真正激发我的潜能，使我取得最佳成绩	0.702		
持续承诺	O2.1　我很庆幸当初选择进入了这个工作单位		0.697	
	O2.2　留在这家单位工作，是我能做出的最佳选择		0.631	
	O2.3　本单位的发展前景很好，继续留在本单位工作对我的发展前途有利		0.687	
	O2.4　在本单位，我能够发挥自己的特长，工作起得心应手		0.641	
	O2.5　即使目前有更好的工作机会，我也不想去，因为我熟悉这里的工作环境和生活，它使我有安全感		0.671	
	O2.6　在本单位，我能够得到大家的支持和尊重，到其他地方去只能是名 "新兵"		0.734	

续表

维度	题　项	因子载荷		
		1	2	3
规范承诺	O3.1　我相信单位的管理者有能力，我愿意继续留在本单位工作		0.543	0.521
	O3.2　我继续留在本单位，是因为我觉得单位有恩于我			0.797
	O3.3　单位为我提供了工作的机会，我就有义务报答单位			0.809
	O3.4　我留在本单位，是因为身为其中的一员，有责任这样做			0.736
	O3.5　如果现在离开本单位，我心里会有一种负疚感			0.737
	O3.6　即使别的单位对自己更有利，我觉得目前也有义务继续为本单位服务			0.631

4. 组织承诺量表的克朗巴赫系数信度分析

由表 5 - 17 可知，调整后的组织承诺量表各维度的克朗巴赫系数分别是情感承诺 0.844、持续承诺 0.858、规范承诺 0.858，表明维度划分较为理想。且整体量表的克朗巴赫系数为 0.926，说明修正后的组织承诺量表具有良好的内部一致性。

表 5 - 17　组织承诺量表信度分析表

测量维度	题项	各维度的克朗巴赫系数	工作幸福感量表的克朗巴赫系数
情感承诺	5	0.838	
持续承诺	6	0.858	0.916
规范承诺	5	0.857	

（三）创新绩效量表的信度和效度分析

1. 信度分析

从表 5 - 18 以看到，创新绩效量表共 6 个题项的 CITC 值均大于 0.3。同时，创新绩效量表的整体克朗巴赫系数为 0.864，表明量表信度较为理想。

表 5 - 18   创新绩效量表信度分析表

测量值	题项	CITC	评价	创新绩效量表的克朗巴赫系数
创新绩效	I1.1	0.576	合理	0.864
	I1.2	0.779	合理	
	I1.3	0.751	合理	
	I1.4	0.598	合理	
	I1.5	0.672	合理	
	I1.6	0.606	合理	

2. 创新绩效量表的 KMO 和巴特利特球度检验

从表 5 - 19 可以看到，创新绩效量表的 KMO 的值为 0.820，巴特利特球度检验的统计值显著性水平为 0.000，小于 0.05 的显著性水平，表明该量表较为适合进行因子分析。

表 5 - 19   创新绩效量表的 KMO 和巴特利特球度检验

取样足够度的 KMO 度量		0.820
巴特利特球度检验	近似卡方	281.533
	df	15
	Sig.	0.000

3. 创新绩效量表的探索性因子分析

本研究采用 SPSS20.0 对创新绩效量表进行探索性因子分析，得出创新绩效量表的总方差解释表（表 5 - 20）和创新绩效量表的因子载荷表（表 5 - 21）。从创新绩效量表的总方差解释表看到，参照基于特征根值大于 1 的原则得到一个因子，公因子累计方差贡献率是 60.522%，说明量表具有较好的结构效度。从创新绩效量表的因子载荷表看出，量表涵盖的 6 个题目全都落在一个因子上，且各题项的因子载荷值均大于 0.5，表明所有题项能够很好地描述该变量。

表 5 - 20   创新绩效量表因子分析的总方差解释表

成分	初始特征值			提取平方和载入		
	合计	方差%	累计%	合计	方差%	累计%
1	3.631	60.522	60.522	3.631	60.522	60.522

表 5-21 创新绩效量表的因子载荷表

变量	题　项	因子载荷
		1
创新绩效	I1.1　我常从新的角度去思考工作中遇到的困难和问题	0.705
	I1.2　我经常会寻找一些新方法、技术或手段，并应用到自己的工作当中	0.871
	I1.3　我经常想出一些有创意的点子，或找到一些独特的问题解决方案	0.848
	I1.4　我会向别人阐述和推销自己的新点子，以获取单位领导和同事的支持与认可	0.727
	I1.5　我喜欢尝试新的工作方式，并寻找不同解决方案	0.774
	I1.6　总体而言，我是一个具有创意的人	0.727

五、大样本问卷的最终确定和研究假设的修正

为使问卷设计得更加科学合理，本研究经过部分专家与传媒业界管理者的咨询，在对传媒业知识型员工的小范围试调查后，就北京、上海、重庆三个直辖市和湖南、辽宁两个省份的包括中国教育电视台、北京师范大学出版社、搜狐网北京分公司、机械工业出版社、上海世纪出版集团、上海人民广播电台、腾讯（大渝）网、《新女报》杂志社、辽宁日报报业集团、辽宁广播电视台、湖南人民广播电台等16家传媒企业的知识型员工进行了小样本测试。就小样本测试的结果与答题者的意见反馈，本研究对部分题项及内容表述做了如下调整：

首先，基于 CITC 值的参考，对工作幸福感量表中的 W4.5 "我相信工作单位的成员是友善的"进行删除。

其次，就探索性因子分析的标准，工作幸福感量表中的 W2.1 "我能够容易地集中精神工作"和 W4.1 "我对目前的工作单位有归属感"题项的因子载荷值小于 0.5，予以剔除；组织承诺量表中的 O1.3 "为了能继续留下来，工作单位让我做什么工作都可以"和 O3.1 "我相信单位的管理者有能力，我愿意继续留在本单位工作"题项的因子载荷出现同时跨两个维度，予以剔除。

最后，考虑到传媒业知识型员工在工作中更倾向于自我挑战与突破创新，以及媒体工作更倾向于团队合作与项目工作制，根据探索性因子分析的结果，将工作幸福感量表中的题项 W3.1 "我能够处理好工作中出现的任何问题"、W3.2 "我在工作中能够应付自如"、W3.3 "我认为自己在面对工作

难题时比绝大多数人更有优势"、W3.4"我享受在工作中做出新的尝试"、W3.5"我在工作中偏好于选择有难度的任务"题项从职业幸福感维度调整到认知幸福感维度，并界定该维度为职业认知幸福感；同时将 W3.6"我的工作得到了领导的认可"、W3.7"我在工作中付出的大量努力受到了单位的重视"、W3.8"这个单位欣赏我的工作业绩"、W3.9"我的工作得到了同事的赞誉"题项从职业幸福感维度调整到社会幸福感维度，并界定该维度为社会关系幸福感；另外，为保持各维度名称一致，将情绪幸福感维度改名为工作情绪幸福感。

经过以上调整，最终正式问卷共分为四个部分：第一部分是包含 23 题的工作幸福感量表，涵盖工作情绪幸福感维度（7 题）、职业认知幸福感维度（9 题）和社会关系幸福感维度（7 题）；第二部分是包含 16 题的组织承诺量表，涵盖情感承诺维度（5 题）、持续承诺维度（6 题）和规范承诺维度（5 题）；第三部分是创新绩效量表，包括 6 个题项；第四部分是基于人口统计学特征的中国传媒业知识型员工个人及组织信息，涵盖个人信息如性别、学历、任职年限、年收入等及组织信息如所在单位类型、性质等。第一、二、三部分的量表内容及题项安排详见表 5－22。

表 5－22　正式量表一至三部分的题项汇总

变量	维度	题项及编码
工作幸福感	工作情绪幸福感	W1.1　工作使我感到放松
		W1.2　工作使我感到满足
		W1.3　工作使我感到快乐
		W1.4　工作使我感到忧虑
		W1.5　工作使我感到沮丧
		W1.6　工作使我感到苦不堪言
		W1.7　工作使我感到心神不安
	职业认知幸福感	W2.1　我感到自己在工作中思维清晰
		W2.2　我感到自己容易集中精神思考问题
		W2.3　我在思考复杂问题时能够从容得解
		W2.4　我对自己思考复杂问题的能力有信心
		W2.5　我能够处理好工作中出现的任何问题
		W2.6　我在工作中能够应付自如
		W2.7　我认为自己在面对工作难题时比绝大多数人更有优势

变量	维度	题项及编码
	社会关系幸福感	W3.1 我的工作得到了领导的认可
		W3.2 我在工作中付出的大量努力受到了单位的重视
		W3.3 这个单位欣赏我的工作业绩
		W3.4 我的工作得到了同事的赞誉
		W3.5 我在工作单位中感觉到自己与其他人的联系紧密
		W3.6 我相信工作单位重视自己存在的价值
		W3.7 我工作单位的成员都乐意为他人提供帮助
组织承诺	情感承诺	O1.1 我愿意为单位付出额外的努力
		O1.2 我认为，我所在的工作单位比较理想
		O1.3 我觉得自己的价值准则和单位的很相似
		O1.4 我会自豪地告诉别人，我是本单位的一员
		O1.5 单位的目标能真正激发我的潜能，使我取得最佳成绩
	持续承诺	O2.1 我很庆幸当初选择进入了这个工作单位
		O2.2 留在这家单位工作，是我能做出的最佳选择
		O2.3 本单位的发展前景很好，继续留在本单位工作对我的发展前途有利
		O2.4 在本单位，我能够发挥自己的特长，工作起来得心应手
		O2.5 即使目前有更好的工作机会，我也不想去，因为我熟悉这里的工作环境和生活，它使我有安全感
		O2.6 在本单位，我能够得到大家的支持和尊重，到其他地方去只能是名"新兵"
	规范承诺	O3.1 我继续留在本单位，是因为我觉得单位有恩于我
		O3.2 单位为我提供了工作的机会，我就有义务报答单位
		O3.3 我留在本单位，是因为身为其中的一员，有责任这样做
		O3.4 如果现在离开本单位，我心里会有一种负疚感
		O3.5 即使别的单位对自己更有利，我觉得目前也有义务继续为本单位服务
创新绩效	创新绩效	I1.1 我常从新的角度去思考工作中遇到的困难和问题
		I1.2 我经常会寻找一些新方法、技术或手段，并应用到自己的工作当中
		I1.3 我经常想出一些有创意的点子，或找到一些独特的问题解决方案
		I1.4 我会向别人阐述和推销自己的新点子，以获取单位领导和同事的支持与认可
		I1.5 我喜欢尝试新的工作方式，并寻找不同解决方案
		I1.6 总体而言，我是一个具有创意的人

综合以上分析，本研究的假设修正汇总如表 5 - 23 所示。

表 5 - 23 研究假设修正汇总

H1：传媒业知识型员工工作幸福感正向影响创新绩效。	H1-1：工作情绪幸福感正向影响创新绩效； H1-2：认知职业幸福感正向影响创新绩效； H1-3：社会关系幸福感正向影响创新绩效。
H2：传媒业知识型员工工作幸福感正向影响组织承诺。	H2-1：工作情绪幸福感正向影响情感承诺； H2-2：工作情绪幸福感正向影响持续承诺； H2-3：工作情绪幸福感正向影响规范承诺； H2-4：认知职业幸福感正向影响情感承诺； H2-5：认知职业幸福感正向影响持续承诺； H2-6：认知职业幸福感正向影响规范承诺； H2-7：社会关系幸福感正向影响情感承诺； H2-8：社会关系幸福感正向影响持续承诺； H2-9：社会关系幸福感正向影响规范承诺。
H3：传媒业知识型员工组织承诺对创新绩效存在影响。	H3-1：情感承诺正向影响创新绩效； H3-2：持续承诺负向影响创新绩效； H3-3：规范承诺对创新绩效不产生直接影响。
H4：组织承诺在工作幸福感对创新绩效影响的过程中起中介作用。	

资料来源：本研究整理

第六章 大范围问卷调查与数据分析

本章根据之前确定的正式调查问卷，对全国范围内调查数据进行结论解释与分析，对工作幸福感、组织承诺、创新绩效三者之间的关系假设实施验证。本章共分七个部分，分别为：大范围数据收集与分析方法；对大样本的描述性统计分析；对大样本的信度分析；探索性因子分析和验证性因子分析；对变量及各维度之间的相关性分析；效度分析；回归分析及假设检验。

第一节 大范围数据收集与分析方法

一、大样本数据收集

本研究的大样本数据被试员工均来自中国境内传媒企业，根据研究者的研究背景和经历，主要通过全国新闻学教师群（QQ群）、数字出版在线（微信群）、北京印刷学院校友群（QQ群）等联系媒体工作者，进行问卷发放。研究于 2019 年 10 月 15 日至 2019 年 12 月 8 日向全国除了台湾和西藏外的所有省份、直辖市的传媒企业发放该问卷（依托问卷网：可网页作答，也可手机作答），范围覆盖国内的一、二、三线城市，涵盖了电视台、报社、杂志社、出版社、网站、新媒体企业等传媒企业的记者、编辑、编导等知识型员工，其工作具有创作、制作、编排传媒产品的特性。问卷共计收回 514 份，通过统计，剔除连续填答同一答案 8 个以上的问卷、填答时间明显过少（低于 3 分钟的问卷）及填答结果前后矛盾等无效问卷 106 份，有效问卷为 408 份，有效问卷率为 79.4%，详细情况见图 6-1。

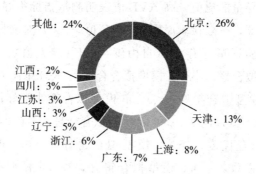

图 6 - 1　大样本数据收集地域分布图（来源：问卷网）

二、大样本数据分析方法

（一）描述性统计分析

本研究运用 SPSS20.0 统计软件进行 408 份有效问卷的分析，基于人口统计学相关变量涉及员工个人信息如性别、学历等，及企业组织信息如被调查传媒企业的类型、性质和规模。

（二）信度分析

大样本的内部一致性信度分析仍以小样本调查分析的原则步骤为准，如 CITC 值须大于 0.3，克朗巴赫系数应大于 0.7 为宜，大于 0.7 时则认为量表具有较高的一致性（Hinkin，1998），分量表系数则要大于 0.7。在此基础上对工作幸福感量表、组织承诺量表和创新绩效量表进行内部一致性分析。

（三）探索性因子分析

探索性因子分析（EFA）的目的在于确认量表因素结构或一组变量的模型，常考虑的是要决定多少个因素或构念，同时因子负荷量的组型如何，是判断量表效度的最有力工具。本研究对工作幸福感、组织承诺和创新绩效三个量表进行探索性因子分析，以便为后续的量表效度的判断和假设检验奠定基础。

（四）验证性因子分析

基于探索性因子分析的结果，就量表各题项对构念描述的准确程度进行验证性因子分析。本研究借助 AMOS22.0 统计软件，主要参照平均方差抽取量（Average Variance Extracted，AVE，用来表示潜在变量相对于测量误差来说所能解释的方差总量）和模型适配度检验指标（即潜在变量可以解释其指标变量变异量的比值，高 AVE 值表明测量指标很好地反映了共同因素构念的潜在特征，一般检测原则须 AVE 值＞0.5）对变量模型进行验证。本书主要参考的验证指标有 χ^2（自由度）、df（卡方值）、χ^2/df（卡方率，小于等于 3 模型拟合好；小于 5 模型拟合合理）、RMSEA（渐进残差均方和平方根，＜0.1 模型拟合得好；＜0.05 模型拟合得非常好；＜0.01 模型拟合得出色）、GFI（拟合优度，＞0.8 模型拟合合理，＞0.9 模型拟合得好）、AGFI（校正的拟合优度，＞0.8 模型拟合得好，＞0.7 模型拟合合理）、NFI（标准拟合指数，＞0.9 模型拟合得好，＞0.8 模型拟合合理）、CFI（比较拟合指数，＞0.9 模型拟合得好，＞0.8 模型拟合合适）、RMR（残差均方根）。

（五）相关分析

相关分析是研究变量之间关系密切程度的一种统计方法，确定变量间的相关关系是检验变量间因果联系的基础。本文以 SPSS20.0 统计软件为分析工具，采用皮尔森（Person）相关分析方法进行测量。相关系数值一般处于－1 到 1 之间，正数对应变量间呈正相关关系，负数对应变量间呈负相关关系。同时相关系数绝对值越大说明关联性越强，绝对值越小则表示关联性越弱。统计学认为，相关系数的绝对值等于 1 为完全相关；在 0.7—0.99 之间为高度相关；在 0.40—0.69 之间为中度相关；在 0.10—0.39 之间为低度相关；在 0.10 以内为微弱相关或无相关。

（六）回归分析

涉及一元回归分析及多元回归分析，该方法用以检验并验证变量间是否有因果联系及是否起中介作用。

第二节　描述性统计分析

一、员工基本信息的描述性统计分析

传媒业知识型员工基本信息描述性统计分析的结论详见表 6-1。由表可见，总体有效样本量为 408，其中男性被调查者有 164 人（占比 40.2%），女性被调查者有 244 人（占比 59.8%）。男女比例稍显不平衡，这由中国传媒业知识型员工女性多于男性的现状决定。

就被调查者的年龄情况而言，显示出 25—35 岁的被调查者最多，共计

223 人，占比 54.7%；35—45 岁有 89 人，占总人数的 21.8；小于 25 岁的有 70 人，占总人数的 17.2%；45 岁以上的仅有 26 人，占总人数的 6.4%。抽样样本中超过 75% 是 25—45 岁的中青年员工，这是相对稳定的传媒业知识型员工，更是传媒产品的主要生产者和创造者。

从学历分布上看，本科学历的有 235 人，占总人数的 57.6%，接近调查人数的 60%；硕士及以上 135 人，占总人数 33.1%；大专的 38 人，占总人数的 9.3%。样本显示传媒业知识型员工 90% 以上具有本科、硕士及以上学历，受教育水平普遍较高，这也符合传媒产品需要较高创造力的要求。

从任职年限上看，3 年以内工作经验的为 147 人，占总人数的 36%；3—5 年的和 10—15 年的都为 75 人，分别占总人数的 18.4%；5—10 年的 70 人，占总人数的 17.2%；15 年以上的 41 人，占总人数的 10%。5 年是目前我国传媒业知识型员工工作年限的分界岭，超过 50% 被调查者的工作年限低于 5 年，另外接近 50% 被调查者的工作年限高于 5 年，说明目前我国传媒业知识型员工一方面流动性强，任职年限偏短，这可能基于员工年龄偏小、不定性高的特点，另一方面一旦传媒业知识型员工选择了适合的工种和职位，则体现出工作稳定性强、任职年限偏长的特点，这可能基于职业锚定效应。

从年收入上看，5 万元以内的 146 人，占总人数的 35.8%；5—10 万的 142 人，占总人数的 34.7%；10—20 万的 95 人，占总人数的 23.4%；20 万元以上的 25 人，占总人数的 6.1%。样本中的传媒业知识型员工的收入水平分布较为均衡，高中低档收入与学历、工作年限的分布特点相吻合，这也符合传媒业重视知识创造型人才的行业特征。

表 6-1 大样本测试的员工人口统计学特征描述 （N=407）

人口统计学变量	类别	人数	百分比
性别	男	164	40.2%
	女	244	59.8%
年龄	小于 25 岁	70	17.2%
	25—35 岁	223	54.7%
	35—45 岁	89	21.8%
	45 岁以上	26	6.4%

人口统计学变量	类别	人数	百分比
学历	大专	38	9.3%
	本科	235	57.6%
	硕士及以上	135	33.1%
任职年限	3年以内	147	36%
	3—5年	75	18.4%
	5—10年	70	17.2%
	10—15年	75	18.4%
	15年以上	41	10%
年收入	5万元以下	146	35.8%
	5—10万元	142	34.7%
	10—20万元	95	23.4%
	20万元以上	25	6.1%

二、企业基本信息的描述性统计分析

传媒企业组织的调查结论详见表6-2。从企业规模上看，0—50人规模的传媒企业及其样本数最多，涉及人数达112人，占总人数的27.5%；其次为500人以上规模的传媒企业，涉及99人，占总人数的24.3%；51—100人、101—300人、301—500人规模的传媒企业被调查者人数分别为82、84、31，分别占总人数的20.1%、21.5%、7.6%。由此可见，我国传媒企业规模以小型（50人以下）和超大型（500人以上）为主，二者涉及人数相加占到总调查者人数的一半以上。

在企业类型方面，根据传媒产品特征与本研究的需求，本次调查将我国传媒企业类型划分为八类，分别是电视台、广播电台、报社、出版社、杂志社、网站、新媒体企业和其他。从中可以看出，出版社、报社、电视台的统计人数排名为前三甲，分别为84、77、54，占总人数比例分别为20.6%、18.9%、13.2%，这同我国传媒产品各类型占比和传媒业从业者分布情况相符；新媒体企业、网站、杂志社、广播电台的统计人数占比分列第四至第七位，分别为44、32、28、17，占总人数比例分别为10.8%、7.8%、6.9%、4.2%，这与近年传媒市场变化及产业发展态势一致，新媒体异军突起，逐步占据主流媒体地位，杂志社与广播电台改革改制并行，行业影响趋于弱势。其他类型传媒企业人数为 72，占总人数比例为 17.6％，根据问卷填答情况，大多为和主流媒体相关业务往来的传媒企业，例如图书策划公司、视频制作公司、集团下属媒体部门、媒体发行公司、媒体平台公司等，从调查人数占比可知目前传媒产品制作外包与合作现象普遍，对产品创新与创意需求较多，这同我国传媒业转企改制有着必然联系，传媒业市场主导日益明显。

表 6-2 大样本测试的企业特征描述

企业统计特征	类别	人数	人数百分比
单位规模	0-50 人	112	27.5％
	51-100 人	82	20.1％
	101-300 人	84	20.5％
	301-500 人	31	7.6％
	500 人以上	99	24.3％
单位类型	电视台	54	13.2％
	广播电台	17	4.2％
	报社	77	18.9％
	出版社	84	20.6％
	杂志社	28	6.9％
	网站	32	7.8％
	新媒体企业	44	10.8％
	其他	72	17.6％
单位性质	国有/集体	253	62％
	民营/私营	105	25.7％
	外资/合资	17	4.2％
	其他	33	8.1％

就传媒企业性质而言，国有/集体企业调查人数最多，为 253，占总人数比例为 62％，这符合我国目前传媒业发展特征；民营/私营企业调查人数排名第二，为 105，占比 25.7％，体现了我国传媒业改革涉及的吸收民营资本与社会资本进入传媒业，提升传媒业活力与动力的效果；外资/合资企业调查人数为 17，占比 4.2％，这与国外传媒资本进入我国传媒产品流通发行领域，参与传媒产品制作相符；其他性质传媒企业人数为 33，占比 8.1％，这同传媒业改革有着很大关联，目的在于吸引其他行业资本和社会资本进入

传媒业，增强传媒业的产业竞争力与提高资本运作水平。

表6-3 工作幸福感的描述性统计分析

维度	题 项	平均值	标准差
工作情绪幸福感	W1.1 工作使我感到放松	3.7255	1.66128
	W1.2 工作使我感到满足	4.5123	1.54692
	W1.3 工作使我感到快乐	4.5000	1.47543
	W1.4 工作使我感到忧虑	3.5711	1.42627
	W1.5 工作使我感到沮丧	4.4853	1.50013
	W1.6 工作使我感到苦不堪言	5.0882	1.50741
	W1.7 工作使我感到心神不安	4.7108	1.57676
职业认知幸福感	W2.1 我感到自己在工作中思维清晰	5.2574	1.17924
	W2.2 我感到自己容易集中精神思考问题	4.9191	1.32666
	W2.3 我在思考复杂问题时能够从容得解	4.7328	1.31508
	W2.4 我对自己思考复杂问题的能力有信心	5.0466	1.28888
	W2.5 我能够处理好工作中出现的任何问题	4.5174	1.42104
	W2.6 我在工作中能够应付自如	4.8113	1.24659
	W2.7 我认为自己在面对工作难题时比绝大多数人更有优势	4.6691	1.34139
社会关系幸福感	W3.1 我的工作得到了领导的认可	5.1446	1.22672
	W3.2 我在工作中付出的大量努力受到了单位的重视	4.5539	1.39745
	W3.3 这个单位欣赏我的工作业绩	4.6324	1.40625
	W3.4 我的工作得到了同事的赞誉	5.0074	1.19682
	W3.5 我在工作单位中感觉到自己与其他人的联系紧密	4.8676	1.41322
	W3.6 我相信工作单位重视自己存在的价值	4.6344	1.53141
	W3.7 我工作单位的成员都乐意为他人提供帮助	4.6029	1.50811

三、各量表描述性统计分析

（一）工作幸福感

工作幸福感题项的平均值为4.68，高于李克特7级量表的中间值4，这说明被调查者对工作幸福感的认可度比较高，各题项的平均值如表6-3所示，可见工作幸福感方面的题项基本得到了被试者的认可。其中工作情绪幸福感维度的平均值为4.37，职业认知幸福感维度的平均值为4.89，社会关系幸福感维度的平均值为 4.78，可以看出工作幸福感三个维度相比，职业认知幸福感维度的认可度最高。"W1.6 工作使我感到苦不堪言""W2.1 我感到自己在工作中思维清晰"和"W3.1 我的工作得到了领导的认可"分别是工作情绪幸福感、职业认知幸福感维度和社会关系幸福感维度中均值最高的题项，得到较多认可。"W1.4 工作使我感到忧虑""W2.5 我能够处理好工作中出现的任何问题""W3.2 我在工作中付出的大量努力受到了单位的重视"分别是三个维度中均值最低的题项，认可度比较低。基于 W1.6 和 W1.4 是反向计分，可知被调查大多不认为工作会导致苦不堪言，但却会让人感到忧虑，可见传媒业知识型员工的工作强度及压力较大，佐证了相关研究结果。[1][2][3]

（二）组织承诺

组织承诺题项的平均值为 4.24，高于李克特 7 级量表的中间值 4，这说明被调查者对组织承诺的认可度比较高，各题项的平均值如表 6-4 所示。其中情感承诺维度的平均值为 4.67，持续承诺维度的平均值为 4.18，规范承诺维度的平均值为 3.87，三个维度相比，情感承诺维度的认可度最高，规范承诺维度的认可度低于李克特 7 级量表的中间值 4，认可度较低，可见传媒业知识型员工对企业的忠诚度和责任感并不是太高，这也符合传媒业知识型员工流动性强、忠于专业胜于忠于组织的特征。"O1.4 我会自豪地告诉别人，我是本单位的一员""O2.4 在本单位，我能够发挥自己的特长，工作起来得心应手"和"O3.3 我留在本单位，是因为身为其中的一员，有责任这样做"分别是情感承诺维度、持续承诺维度和规范承诺维度中均值最高的题项，得到较多认可。"O1.3 我觉得自己的价值准则和单位的很相似""O2.5 即使目前有更好的工作机会，我也不想去，因为我熟悉这里的环境和生活，它使我有安全感"和"O3.4 如果现在离开本单位，我心里会有一种负疚感"分别是三个维度中均值最低的题项，认可度比较低。

---

① 夏天：《媒体从业者职业压力及应对策略》，《科教文汇》2009 年第 6 期，第 261—268 页。

② 林海：《媒体人：多管齐下，走出心理"亚健康"》，《中国记者》2013 年第 2 期，第 56—58 页。

③ 张晓辉：《切实关注媒体从业者的心理健康——对媒体高管自杀的思考》，《新闻战线》2014年第 6 期，第 50—52 页。

表 6 - 4　组织承诺的描述性统计分析

维度	题　项	平均值	标准差
情感承诺	O1.1　我愿意为单位付出额外的努力	4.6593	1.51134
	O1.2　我认为，我所在的工作单位比较理想	4.3701	1.53511
	O1.3　我觉得自己的价值准则和单位的很相似	4.0833	1.53834
	O1.4　我会自豪地告诉别人，我是本单位的一员	4.9877	1.40107
	O1.5　单位的目标能真正激发我的潜能，使我取得最佳成绩	4.2353	1.54332
持续承诺	O2.1　我很庆幸当初选择进入了这个单位工作	4.5784	1.50796
	O2.2　留在这家单位工作，是我能做出的最佳选择	4.1201	1.59223
	O2.3　本单位的发展前景很好，继续留在本单位工作对我的发展前途有利	4.0490	1.64923
	O2.4　在本单位，我能够发挥自己的特长，工作起来得心应手	4.6299	1.43072
	O2.5　即使目前有更好的工作机会，我也不想去，因为我熟悉这里的环境和生活，它使我有安全感	3.6887	1.76470
	O2.6　在本单位，我能够得到大家的支持与尊重，到其他地方去只能是名"新兵"	4.0343	1.64214
规范承诺	O3.1　我继续留在本单位，是因为我觉得单位有恩于我	3.7377	1.66400
	O3.2　单位为我提供了工作的机会，我就有义务报答单位	4.0515	1.68526
	O3.3　我留在本单位，是因为身为其中的一员，有责任这样做	4.5049	1.54378
	O3.4　如果现在离开本单位，我心里会有一种负疚感	3.4804	1.66614
	O3.5　即使别的单位对自己更有利，我觉得目前也有义务继续为本单位服务	3.5711	1.61834

（三）创新绩效方面

　　创新绩效题项的平均值为 4.84，高于李克特 7 级量表的中间值 4，这说明被调查者对创新绩效的认可度较高，各题项的平均值如表 6 - 5 所示，可见创新绩效方面的题项基本得到了被调查者的认可。其中 "I1.2 我经常会寻找一些新方法、技术或手段，并应用到自己的工作当中" 得到较多认可，其次为 "I1.1 我常从新的角度去思考工作中遇到的困难和问题"，两个题项的平均值均大于 5，可见传媒业知识型员工的创新行为更多体现在运用差异的方法、技术和手段进行创造，及从不同视角思考困难和问题方面。"I1.6 总体而言，我是一个具有创意的人" 题项的认可度较低。

表 6 - 5　创新绩效的描述性统计分析

题　项	平均值	标准差
I1.1　我常从新的角度去思考工作中遇到的困难和问题	5.0049	1.19991
I1.2　我经常会寻找一些新方法、技术或手段，并应用到自己的工作当中	5.0490	1.15081
I1.3　我经常想出一些有创意的点子，或找到一些独特的问题解决方案	4.8260	1.09796
I1.4　我会向别人阐述和推销自己的新点子，以获取单位领导和同事的支持与认可	4.7353	1.24554
I1.5　我喜欢尝试新的工作方式，并寻找不同解决方案	4.9118	1.21500
I1.6　总体而言，我是一个具有创意的人	4.4892	1.21808

第三节　信度分析

一、工作幸福感量表的信度分析

大样本的内部一致性信度分析详见表 6 - 6。工作幸福感量表的 21 个题项的 CITC 值在 0.456 - 0.750 之间，均大于 0.3 的可接受标准；量表整体的克朗巴赫系数为 0.909，工作情绪幸福感、认知职业幸福感和社会关系幸福感三个分量表的克朗巴赫系数分别为 0.846、0.879、0.861，表明该量表信度水平理想。

表 6 - 6　工作幸福感量表的内部一致性信度分析

测量维度	题项	CITC	删除该题项后的克朗巴赫系数	各维度的克朗巴赫系数	工作幸福感量表的克朗巴赫系数
工作情绪幸福感	W1.1	0.559	0.832	0.846	0.909
	W1.2	0.542	0.834		
	W1.3	0.644	0.819		
	W1.4	0.556	0.832		
	W1.5	0.623	0.822		
	W1.6	0.662	0.816		
	W1.7	0.642	0.819		

测量维度	题项	CITC	删除该题项后的克朗巴赫系数	各维度的克朗巴赫系数	工作幸福感量表的克朗巴赫系数
认知职业幸福感	W2.1	0.598	0.870	0.879	
	W2.2	0.590	0.871		
	W2.3	0.748	0.851		
	W2.4	0.747	0.851		
	W2.5	0.712	0.855		
	W2.6	0.662	0.862		
	W2.7	0.594	0.871		
社会关系幸福感	W3.1	0.630	0.842	0.861	
	W3.2	0.733	0.826		
	W3.3	0.750	0.824		
	W3.4	0.593	0.847		
	W3.5	0.564	0.850		
	W3.6	0.709	0.829		
	W3.7	0.456	0.867		

二、组织承诺量表的信度分析

组织承诺量表的信度分析结果详见表 6-7。该量表的 16 个题项的 CITC 值在 0.545—0.766 之间，均大于 0.3 的可接受标准，且所有题项的 CITC 值大于 0.5，体现了非常好的鉴别度。总体量表的克朗巴赫系数是 0.931，分量表的克朗巴赫系数值是情感承诺 0.861、持续承诺 0.868 和规范承诺 0.872，表明组织承诺量表及其分量表内部信度理想。

表 6-7　组织承诺量表的内部一致性信度分析

测量维度	题项	CITC	删除该题项后的克朗巴赫系数	各维度的克朗巴赫系数	组织承诺量表的克朗巴赫系数
情感承诺	O1.1	0.545	0.865	0.861	0.931
	O1.2	0.754	0.812		
	O1.3	0.739	0.816		
	O1.4	0.707	0.826		
	O1.5	0.658	0.837		

续表

测量维度	题项	CITC	删除该题项后的克朗巴赫系数	各维度的克朗巴赫系数	组织承诺量表的克朗巴赫系数
持续承诺	O2.1	0.684	0.843	0.868	
	O2.2	0.753	0.830		
	O2.3	0.741	0.831		
	O2.4	0.630	0.852		
	O2.5	0.666	0.846		
	O2.6	0.533	0.869		
规范承诺	O3.1	0.709	0.842	0.872	
	O3.2	0.766	0.827		
	O3.3	0.621	0.863		
	O3.4	0.696	0.845		
	O3.5	0.699	0.845		

三、创新绩效量表的信度分析

创新绩效量表信度分析结果详见表 6-8，包含的 6 题项的 CITC 值在 0.545—0.766 之间，均大于 0.3 的可接受标准，且所有题项的 CITC 值大于 0.5，体现了非常好的鉴别度。创新绩效总量表的克朗巴赫系数是 0.862，表明该量表信度较为理想。

表 6-8 创新绩效量表的内部一致性信度分析

题项	CITC	删除该题项后的克朗巴赫系数	创新绩效量表的克朗巴赫系数
I1	0.605	0.847	0.862
I2	0.735	0.824	
I3	0.693	0.833	
I4	0.615	0.846	
I5	0.699	0.830	
I6	0.590	0.850	

第四节　因子分析

一、探索性因子分析

(一) 工作幸福感探索性因子分析

本研究采用主成分分析法和最大方差法对工作幸福感的 21 个题项进行

探索性因子分析。从表 6－9 中可以看出，KMO 值为 0.899；巴特利特球度检验的 Sig 为 0.000，小于 0.05 的显著性水平，说明工作幸福感量表的大样本数据适合做因子分析。

表 6－9 工作幸福感量表的 KMO 值计算和巴特利特球度检验（大样本）

取样足够度的 KMO 度量		0.899
巴特利特球度检验	近似卡方	4385.147
	df	210
	Sig.	0.000

表 6－10、表 6－11 显示了提取因子的结果，由表 6－10 可知三大因子累计方差贡献率为 66.606%，其中认知职业幸福感维度解释了 28.842% 的变异量，社会关系幸福感解释了 21.330% 的变异量，工作情绪幸福感解释了 16.434% 的变异量。21 个题项的因子载荷均大于 0.5，认知职业幸福感维度、社会关系幸福感维度及工作情绪幸福感维度分别包含 7 个题项，依次落在了公因子 1、2、3 上。

表 6－10 工作幸福感量表因子分析的总方差解释表（大样本）

成分	初始特征值			提取平方和载入			旋转平方和载入		
	合计	方差%	累计%	合计	方差%	累计%	合计	方差%	累计%
1	5.933	36.329	36.329	5.933	36.329	36.329	4.146	28.842	28.842
2	3.060	18.736	55.065	3.060	18.736	55.065	3.066	21.330	50.172
3	1.885	11.541	66.606	1.885	11.541	66.606	2.362	16.434	66.606

表 6－11 工作幸福感量表各维度的因子载荷表（大样本）

维度	题项	因子载荷		
		1	2	3
工作情绪幸福感	W1.1 工作使我感到放松			0.543
	W1.2 工作使我感到满足			0.501
	W1.3 工作使我感到快乐			0.595
	W1.4 工作使我感到忧虑			0.720
	W1.5 工作使我感到沮丧			0.760
	W1.6 工作使我感到苦不堪言			0.793
	W1.7 工作使我感到心神不安			0.779

续表

维度	题项	因子载荷		
		1	2	3
认知职业幸福感	W2.1 我感到自己在工作中思维清晰	0.662		
	W2.2 我感到自己容易集中精神思考问题	0.648		
	W2.3 我在思考复杂问题时能够从容得解	0.811		
	W2.4 我对自己思考复杂问题的能力有信心	0.830		
	W2.5 我能够处理好工作中出现的任何问题	0.775		
	W2.6 我在工作中能够应付自如	0.700		
	W2.7 我认为自己在面对工作难题时比绝大多数人更有优势	0.621		
社会关系幸福感	W3.1 我的工作得到了领导的认可		0.652	
	W3.2 我在工作中付出的大量努力受到了单位的重视		0.767	
	W3.3 这个单位欣赏我的工作业绩		0.810	
	W3.4 我的工作得到了同事的赞誉		0.646	
	W3.5 我在工作单位中感觉到自己与其他人的联系紧密		0.635	
	W3.6 我相信工作单位重视自己存在的价值		0.740	
	W3.7 我工作单位的成员都乐意为他人提供帮助		0.537	

（二）组织承诺探索性因子分析

本书使用主成分分析法和最大方差法对组织承诺量表的 16 个题项进行探索性因子分析。分析结果见表 6－12，大样本数据 KMO 值为 0.935，巴特利特球度检验的 Sig 为 0.000，小于 0.05 的显著性水平，表明适合进行因子分析。

表 6－12　组织承诺量表的 KMO 值计算和巴特利特球度检验（大样本）

取样足够度的 KMO 度量		0.935
巴特利特球度检验	近似卡方	3955.286
	df	120
	Sig.	0.000

公因子累计方差贡献率为 66.565%，解释了大多数的方差，其中情感承诺解释了 32.745% 的变异量，规范承诺解释了 22.429% 的变异量，持续承诺解释了 11.391% 的变异量，如表 6－13 所示。情感承诺维度的 5 个题项、规范承诺维度的 5 个题项和持续承诺维度的 6 个题项分别落在了 1、2、

3 三个公因子上，如表 6 - 14 所示。

表 6 - 13　组织承诺量表因子分析的总方差解释表（大样本）

成分	初始特征值			提取平方和载入			旋转平方和载入		
	合计	方差%	累计%	合计	方差%	累计%	合计	方差%	累计%
1	7.681	48.010	48.010	7.681	48.010	48.010	5.239	32.745	32.745
2	1.696	10.601	58.612	1.692	10.601	58.612	3.589	22.429	55.174
3	1.272	7.953	66.565	1.272	7.953	66.565	1.823	11.391	66.565

表 6 - 14　组织承诺量表各维度的因子载荷表（大样本）

维度	题　项	因子载荷		
		1	2	3
情感承诺	O1.1　我愿意为单位付出额外的努力	0.578		
	O1.2　我认为，我所在的工作单位比较理想	0.812		
	O1.3　我觉得自己的价值准则和单位的很相似	0.750		
	O1.4　我会自豪地告诉别人，我是本单位的一员	0.774		
	O1.5　单位的目标能真正激发我的潜能，使我取得最佳成绩	0.723		
持续承诺	O2.1　我很庆幸当初选择进入了这个工作单位			0.749
	O2.2　留在这家单位工作，是我能做出的最佳选择			0.738
	O2.3　本单位的发展前景很好，继续留在本单位工作对我的发展前途有利			0.749
	O2.4　在本单位，我能够发挥自己的特长，工作起来得心应手			0.665
	O2.5　即使目前有更好的工作机会，我也不想去，因为我熟悉这里的工作环境和生活，它使我有安全感			0.754
	O2.6　在本单位，我能够得到大家的支持和尊重，到其他地方去只能是名"新兵"			0.786
规范承诺	O3.1　我继续留在本单位，是因为我觉得单位有恩于我		0.754	
	O3.2　单位为我提供了工作的机会，我就有义务报答单位		0.813	
	O3.3　我留在本单位，是因为身为其中的一员，有责任这样做		0.731	
	O3.4　如果现在离开本单位，我心里会有一种负疚感		0.770	
	O3.5　即使别的单位对自己更有利，我觉得目前也有义务继续为本单位服务		0.696	

（三）创新绩效探索性因子分析

在表 6-15 中可以看到，SPSS20.0 输出的创新绩效量表大样本数据的 KMO 值为 0.841，巴特利特球度检验的概率值为 0.000，小于 0.05，说明创新绩效的 6 个题项数据适合进行因子分析。表 6-16 是探索性因子分析的输出的总方差解释表，参照特征值大于 1 的原则提取了一个因子，公因子累计方差贡献率为 60.562%。从表 6-17 可以看出，创新绩效量表题项的因子载荷值在 0.713-0.836 之间，全部大于 0.5。

表 6-15　创新绩效量表的 KMO 计算和巴特利特球度检验（大样本）

取样足够度的 KMO 度量		0.841
巴特利特球度检验	近似卡方	1079.167
	df	15
	Sig.	0.000

表 6-16　创新绩效量表因子分析的总方差解释表（大样本）

成分	初始特征值			提取平方和载入		
	合计	方差%	累计%	合计	方差%	累计%
1	3.774	60.562	60.562	3.774	60.562	60.562

表 6-17　创新绩效量表的因子载荷表（大样本）

变量	题　项	因子载荷
		1
创新绩效	I1.1　我常从新的角度去思考工作中遇到的困难和问题	0.734
	I1.2　我经常会寻找一些新方法、技术或手段，并应用到自己的工作当中	0.836
	I1.3　我经常想出一些有创意的点子，或找到一些独特的问题解决方案	0.801
	I1.4　我会向别人阐述和推销自己的新点子，以获取单位领导和同事的支持与认可	0.737
	I1.5　我喜欢尝试新的工作方式，并寻找不同解决方案	0.802
	I1.6　总体而言，我是一个具有创意的人	0.713

二、验证性因子分析

（一）工作幸福感量表的验证性因子分析

由之前的探索性因子分析结论可得，工作幸福感量表由工作情绪幸福感、认知职业幸福感和社会关系幸福感三个分量表构成，分别包括 7 个题项。基于此，再对工作幸福感量表进行验证性因子分析，结果见表 6-18、表 6-19。

表 6-18　工作幸福感的验证性因子分析结果

维度	题项	标准化载荷（R）	标准误差（S.E.）	临界比（C.R.）	AVE
工作情绪幸福感	W1.1	0.591	0.078	12.475	0.501
	W1.2	0.567	0.073	11.854	
	W1.3	0.655	0.067	14.289	
	W1.4	0.619	0.066	13.260	
	W1.5	0.709	0.066	15.948	
	W1.6	0.740	0.065	16.976	
	W1.7	0.672	0.068	15.265	
认知职业幸福感	W2.1	0.658	0.053	15.019	0.563
	W2.2	0.655	0.059	14.924	
	W2.3	0.818	0.053	21.112	
	W2.4	0.821	0.051	21.217	
	W2.5	0.777	0.059	19.339	
	W2.6	0.723	0.054	17.240	
	W2.7	0.702	0.060	14.025	
社会关系幸福感	W3.1	0.746	0.053	17.899	0.543
	W3.2	0.855	0.056	22.455	
	W3.3	0.860	0.056	22.672	
	W3.4	0.661	0.054	15.014	
	W3.5	0.574	0.066	12.446	
	W3.6	0.761	0.065	18.450	
	W3.7	0.597	0.059	13.232	

表 6-19　工作幸福感验证性因子分析拟合指数

拟合指数	指数值	说　明
df	189	自由度。
χ^2	910.235	卡方值。
χ^2/df	4.816	卡方率。小于等于 3 模型拟合得好，3 至 5 之间模型拟合得合理。
RMSEA	0.097	近似误差均方根。小于 0.1 模型拟合得好；小于 0.05 模型拟合得非常好；小于 0.01 模型拟合得出色。
GFI	0.807	拟合优度。大于 0.8 模型拟合合理；大于 0.9 模型拟合得好。
AGFI	0.764	校正的拟合优度。大于 0.7 模型拟合合理；大于 0.8 模型拟合得好。

拟合指数	指数值	说　明
NFI	0.803	标准拟合指数。大于 0.8 模型拟合合理；大于 0.9 模型拟合得好。
CFI	0.831	比较拟合指数。大于 0.8 模型拟合合理；大于 0.9 模型拟合得好。

从表中的数据可以看出，各个维度的标准化因子载荷均介于 0.567 至 0.860 之间，说明模型的适配度较好；工作情绪幸福感、认知职业幸福感和社会关系幸福感的 AVE 值分别为 0.501、0.563、0.543，满足大于 0.5 的标准值；八个拟合指数的统计值亦均达到参考值标准，$df = 189$，$\chi^2 = 910.235$，$\chi^2/df = 4.816$，$RMSEA = 0.097$，$GFI = 0.807$，$AGFI = 0.764$，$NFI = 0.803$，$CFI = 0.831$，$RMR = 0.046$，模型通过适配度检验。

（二）组织承诺量表的验证性因子分析

由之前的探索性因子分析可得，组织承诺量表由情感承诺（5 题）、持续承诺（6 题）和规范承诺（5 题）三个分量组成。组织承诺量表的验证性因子分析结果见表 6-20、表 6-21。

表 6-20　组织承诺的验证性因子分析结果

维度	题项	标准化载荷（R）	标准误差（S. E.）	临界比（C. R.）	AVE
情感承诺	O1.1	0.829	0.071	11.722	0.563
	O1.2	0.821	0.064	19.386	
	O1.3	0.796	0.064	19.361	
	O1.4	0.725	0.061	16.612	
	O1.5	0.751	0.066	17.438	
持续承诺	O2.1	0.796	0.063	18.987	0.551
	O2.2	0.821	0.066	19.910	
	O2.3	0.829	0.068	20.202	
	O2.4	0.669	0.068	14.058	
	O2.5	0.775	0.081	16.964	
	O2.6	0.664	0.078	13.924	
规范承诺	O3.1	0.784	0.072	18.128	0.532
	O3.2	0.827	0.071	19.613	
	O3.3	0.670	0.071	14.600	
	O3.4	0.744	0.074	16.817	
	O3.5	0.773	0.070	17.777	

表 6 - 21　组织承诺验证性因子分析拟合指数

拟合指数	指数值	说　　明
df	101	自由度。
χ^2	403.411	卡方值。
χ^2/df	3.994	卡方率。小于等于3模型拟合得好，3至5之间模型拟合得合理。
RMSEA	0.086	近似误差均方根。小于0.1模型拟合得好；小于0.05模型拟合得非常好；小于0.01模型拟合得出色。
GFI	0.891	拟合优度。大于0.8模型拟合合理；大于0.9模型拟合得好。
AGFI	0.853	校正的拟合优度。大于0.7模型拟合合理；大于0.8模型拟合得好。
NFI	0.900	标准拟合指数。大于0.8模型拟合合理；大于0.9模型拟合得好。
CFI	0.922	比较拟合指数。大于0.8模型拟合合理；大于0.9模型拟合得好。

从表中可得，各题项的标准化载荷（R）值从 0.664 到 0.829 之间，表明该模型有较好的适配度；情感承诺、持续承诺和规范承诺的 AVE 值分别为 0.563、0.551、0.532，满足大于 0.5 的标准值；八个拟合指数的统计值亦均达到参考值标准，df＝101，χ^2＝403.411，χ^2/df＝3.994，RMSEA＝0.086，GFI＝0.891，AGFI＝0.853，NFI＝0.900，CFI＝0.922，模型通过适配度检验。

（三）创新绩效量表的验证性因子分析

该量表为单维度，由 6 个题项组成。验证性因子分析结果见表 6 - 22、表 6 - 23。从表中的数据可以看出，各题项的标准化因子载荷均介于 0.628 至 0.819 之间，说明模型的适配度较好；AVE 值为 0.536；8 个拟合指数分别为：df＝101，χ^2＝299.263，χ^2/df＝2.963，RMSEA＝0.062，GFI＝0.917，AGFI＝0.806，NFI＝0.904，CFI＝0.911，通过检验。

表 6 - 22　创新绩效量表的验证性因子分析结果

变量	题项	标准化载荷（R）	标准误差（S.E.）	临界比（C.R.）	AVE
创新绩效	I1.1	0.693	0.095	11.461	0.536
	I1.2	0.819	0.096	12.872	
	I1.3	0.757	0.089	12.222	
	I1.4	0.662	0.097	11.064	
	I1.5	0.738	0.098	11.999	
	I1.6	0.628	0.090	12.014	

表 6 – 23 创新绩效验证性因子分析拟合指数

拟合指数	指数值	说　明
df	101	自由度。
χ^2	299.263	卡方值。
χ^2/df	2.963	卡方率。小于等于 3 模型拟合得好，3 至 5 之间模型拟合得合理。
RMSEA	0.062	近似误差均方根。小于 0.1 模型拟合得好；小于 0.05 模型拟合得非常好；小于 0.01 模型拟合得出色。
GFI	0.917	拟合优度。大于 0.8 模型拟合合理；大于 0.9 模型拟合得好。
AGFI	0.806	校正的拟合优度。大于 0.7 模型拟合合理；大于 0.8 模型拟合得好。
NFI	0.904	标准拟合指数。大于 0.8 模型拟合合理；大于 0.9 模型拟合得好。
CFI	0.911	比较拟合指数。大于 0.8 模型拟合合理；大于 0.9 模型拟合得好。

第五节　相关分析

由表 6 – 24 可得，三个变量之间呈显著正相关关系，其中工作幸福感与组织承诺之间显著相关，相关系数是 0.604，为中度相关；工作幸福感与创新绩效之间显著相关，相关系数是 0.492，为中度相关；组织承诺与创新绩效之间显著相关，相关系数是 0.330，为低度相关。

表 6 – 24 工作幸福感、组织承诺和创新绩效的 Pearson 相关系数矩阵

	工作幸福感	组织承诺	创新绩效
工作幸福感	1		
组织承诺	0.604**	1	
创新绩效	0.492**	0.330**	1

注：* $p<0.05$ 水平（双侧）上显著相关
　　** $p<0.01$ 水平（双侧）上显著相关

表 6 – 25 为工作幸福感、组织承诺和创新绩效各个维度的相关分析结果。工作幸福感三个维度与组织承诺三个维度和创新绩效均呈显著相关。在以上相关关系中，持续承诺与创新绩效呈负相关，其他的相关关系均为正相关。

表 6 – 25 工作幸福感、组织承诺和创新绩效各维度的 Pearson 相关系数矩阵

	工作情绪幸福感	认知职业幸福感	社会关系幸福感	情感承诺	持续承诺	规范承诺	创新绩效
工作情绪幸福感	1						

续表

	工作情绪幸福感	认知职业幸福感	社会关系幸福感	情感承诺	持续承诺	规范承诺	创新绩效
认知职业幸福感	0.419**	1					
社会关系幸福感	0.497**	0.529**	1				
情感承诺	0.516**	0.372**	0.628**	1			
持续承诺	0.481**	0.317**	0.583**	0.790**	1		
规范承诺	0.347**	0.229**	0.403**	0.575**	0.630**	1	
创新绩效	0.254**	0.506**	0.448**	0.365**	−0.289**	0.227**	1

注：* $p < 0.05$ 水平（双侧）上显著相关

＊＊ $p < 0.01$ 水平（双侧）上显著相关

第六节 回归分析

一、工作幸福感与创新绩效的回归分析

设工作幸福感是自变量，创新绩效是因变量，对二者做一元线性回归，分析结果见表 6-26。t 值是 11.390，F 值是 129.735，p 值是 0.000（<0.05），表示回归效果显著；校正决定系数（Adjusted R Square）值是 0.340，表明工作幸福感解释了创新绩效 34% 的变化；回归系数值是 0.535，说明传媒业知识型员工工作幸福感对员工创新绩效有显著的正向影响。假设 H1 通过验证。

表 6-26　工作幸福感对创新绩效影响的回归分析结果

Model		Standardized Coefficients Beta	t	R Square	Adjusted R Square	F	P
1	(Constant)	2.388	10.719	0.342	0.340	129.735	0.000
	工作幸福感	0.535	11.390				

以工作幸福感的三个维度依次为自变量，创新绩效为因变量，做一元线性回归分析，结论详见表 6-27。

表 6-27   工作幸福感各维度对创新绩效的回归分析结果

Model		Standardized Coefficients Beta	t	P	R Square	Adjusted R Square	F
1	(Constant)			0.444			
	工作情绪幸福感	−0.038	−0.765				
2	(Constant)			0.000	0.402	0.397	58.326
	认知职业幸福感	0.382	7.628				
3	(Constant)			0.000			
	社会关系幸福感	0.236	5.030				

工作情绪幸福感对创新绩效回归的分析结论显示，t 值是 −0.765，p 值是 0.444（＞0.05），回归效果不显著，说明工作情绪幸福感对创新绩效无影响作用，假设 H1-1 不成立。在认知职业幸福感与创新绩效的分析结果中，t 值是 7.628，p 值是 0.000（＜0.05），回归效果显著；回归系数值为 0.382，说明认知职业幸福感对创新绩效有正向影响作用，假设 H1-2 成立。在社会关系幸福感与创新绩效的分析结果中，t 值是 5.030，p 值是 0.000（＜0.05），回归效果显著；回归系数值为 0.236，说明社会关系幸福感对创新绩效有正向影响作用，假设 H1-3 成立。

二、工作幸福感与组织承诺的回归分析

设工作幸福感是自变量，组织承诺是因变量，对二者做一元线性回归，分析结果见表 6-28。t 值是 15.271，p 值是 0.000（＜0.05），回归效果明显；校正决定系数值是 0.363，表明工作幸福感解释了组织承诺 36.3% 的变化；回归系数值是 0.604，说明传媒业知识型员工工作幸福感对组织承诺具有正向的影响作用。以上结果充分验证了假设 H2 的成立。

表 6-28   工作幸福感对组织承诺影响的回归分析结果

Model		Standardized Coefficients Beta	t	R Square	Adjusted R Square	F	P
1	(Constant)		1.805	0.365	0.363	233.200	0.000
	工作幸福感	0.604	15.271				

　　以工作幸福感的三个维度依次为自变量，组织承诺的情感承诺维度为因变量，做一元线性回归分析，结论详见表 6－29。在工作情绪幸福感与情感承诺的分析结果中，t 值是 6.243，p 值是 0.000（<0.05）的显著性水平，回归效果显著；回归系数值是 0.272，说明工作情绪幸福感正向影响情感承诺，假设 H2-1 成立。在认知职业幸福感与情感承诺的分析结果中，t 值是－0.003，p 值是 0.943（>0.05），回归效果不显著，说明认知职业幸福感对情感承诺无影响作用，假设 H2-2 不成立。在社会关系幸福感与情感承诺的分析结果中，t 值是 10.597，p 值是 0.000（<0.05），回归效果显著；回归系数值是 0.494，说明社会关系幸福感正向影响情感承诺，假设 H2-7 成立。

表 6－29　工作幸福感各维度对情感承诺影响的回归分析结果

Model		Standardized Coefficients Beta	t	P	R Square	Adjusted R Square	F
1	(Constant)			0.000			
	工作情绪幸福感	0.272	6.243				
2	(Constant)			0.943	0.449	0.445	109.806
	认知职业幸福感	－0.003	－0.072				
3	(Constant)			0.000			
	社会关系幸福感	0.494	10.597				

　　以工作幸福感的三个维度依次为自变量，组织承诺的持续承诺维度为因变量，做一元线性回归分析，结论详见表 6－30。在工作情绪幸福感与持续承诺的分析结果中，t 值是 5.735，p 值是 0.000（<0.05）的显著性水平，回归效果显著；回归系数值是 0.297，表明工作情绪幸福感正向影响持续承诺，假设 H2-2 成立。在认知职业幸福感与持续承诺的分析结果中，t 值是－0.968，p 值是 0.334（>0.05），回归效果不显著，说明认知职业幸福感对持续承诺无影响作用，假设 H2-5 不成立。在社会关系幸福感与持续承诺的分析结果中，t 值是 9.699，概率值 p 是 0.000，小于 0.05 的显著性水平，回归效果显著；回归系数值是 0.577，说明社会关系幸福感正向影响持续承诺，假设 H2-8 成立。

表 6-30　工作幸福感各维度对持续承诺影响的回归分析结果

	Model	Standardized Coefficients Beta	t	P	R Square	Adjusted R Square	F
1	(Constant)			0.000			
	工作情绪幸福感	0.297	5.735				
2	(Constant)			0.334	0.389	0.385	85.893
	认知职业幸福感	−0.059	−0.968				
3	(Constant)			0.000			
	社会关系幸福感	0.577	9.699				

　　以工作幸福感的三个维度依次为自变量，组织承诺的规范承诺维度为因变量，做一元线性回归分析，结论详见表 6-31。在工作情绪幸福感与规范承诺的分析结果中，t 值是 3.763，p 值是 0.000（＜0.05），回归效果显著；回归系数值是 0.199，表明工作情绪幸福感正向影响规范承诺，假设 H2-3 成立。在认知职业幸福感与规范承诺的分析结果中，t 值是 −0.379，p 值是 0.705（＞0.05），回归效果不显著，说明认知职业幸福感对规范承诺无影响作用，假设 H2-6 不成立。在社会关系幸福感与规范承诺的分析结果中，t 值是 5.575，概率值 p 是 0.000，小于 0.05 的显著性水平，回归效果显著；回归系数值是 0.315，说明社会关系幸福感正向影响规范承诺，假设 H2-9 成立。

表 6-31　工作幸福感各维度对规范承诺影响的回归分析结果

	Model	Standardized Coefficients Beta	t	P	R Square	Adjusted R Square	F
1	(Constant)			0.000			
	工作情绪幸福感	0.199	3.763				
2	(Constant)			0.705	0.392	0.385	31.800
	认知职业幸福感	−0.020	−0.379				
3	(Constant)			0.000			
	社会关系幸福感	0.315	5.575				

三、组织承诺与创新绩效的回归分析

设组织承诺为自变量，创新绩效为因变量，做一元线性回归分析，结论详见表 6 - 32。

表 6 - 32　组织承诺对创新绩效影响的回归分析结果

Model		Standardized Coefficients	t	R Square	Adjusted R Square	F	P
		Beta					
1	(Constant)		22.543	0.259	0.257	49.652	0.000
	组织承诺	0.330	7.046				

t 值是 7.046，F 值是 49.652，P 值为 0.000（＜0.05），说明回归效果显著；校正决定系数值为 0.257，表明组织承诺解释了创新绩效 25.7％的变化；回归系数值是 0.330，说明传媒业知识型员工组织承诺对创新绩效具有正向的影响作用。以上结果验证了假设 H3 的部分成立（假设 H3 是组织承诺对创新绩效存在影响，结果显示组织承诺对创新绩效存在正向影响）。

以组织承诺的三个维度依次为自变量，创新绩效为因变量，做一元线性回归分析，结论详见表 6 - 33。在情感承诺对创新绩效的分析结果中，t 值是 0.474，P 值是 0.000（＞0.05），表明回归效果显著；回归系数值是 0.359，说明情感承诺对创新绩效有正向影响作用，假设 H3-1 成立。在持续承诺与创新绩效的分析结果中，t 值是 －0.157，P 值是 0.016（＞0.05），回归效果显著；回归系数值是 －0.036，说明持续承诺对创新绩效有负向影响作用，假设 H3-2 成立。在规范承诺与创新绩效的分析结果中，t 值是 4.687，P 值是 0.636（＜0.05），说明回归效果不显著，即规范承诺对创新绩效无影响作用，假设 H3-3 成立。

表 6 - 33　组织承诺各维度对创新绩效的回归分析结果

Model		Standardized Coefficients	t	P	R Square	Adjusted R Square	F
		Beta					
1	(Constant)			0.000			
	情感承诺	0.359	0.474				
2	(Constant)			0.016	0.234	0.227	40.817
	持续承诺	－0.036	－0.157				
3	(Constant)			0.636			
	规范承诺	0.029	4.687				

四、组织承诺的中介作用

本研究构建的理论模型认为，组织承诺是工作幸福感和创新绩效之间的中介变量。根据巴伦和肯尼（1986）的主张，中介作用判断标准主要有四个方面：首先，自变量与因变量之间的作用关系显著；其次，自变量与中介变量之间的作用关系显著；再次，中介变量与因变量之间的作用关系显著；最后，设中介变量为控制变量，若自变量与因变量之间的回归系数值比单纯考虑自变量与因变量的回归系数值要小且不显著（即自变量与因变量因果关系完全消失）时，表明完全中介作用，若显著（即自变量与因变量因果关系变弱），表明部分中介作用。

按照上述判断标准，分别以工作幸福感和组织承诺为自变量，以创新绩效为因变量，做多元回归分析，结果详见表 6 - 34，F 值是 65.309，t 值分别是 11.390 和 8.500，P 值是 0.000（＜0.05），表明回归效果显著。决定系数（R Square）与校正决定系数值分别是 0.285 和 0.281，工作幸福感的回归系数值是 0.492，比之前仅考虑工作幸福感和创新绩效关系时的回归系数值（0.535）小且显著，说明组织承诺在工作幸福感对创新绩效影响的过程中起部分中介作用。假设 H4 成立。

表 6 - 34　组织承诺的中介效应检验

Model		Standardized Coefficients Beta	t	R Square	Adjusted R Square	F	P
1	(Constant)			0.344	0.340	65.309	0.000
	工作幸福感	0.492	11.390				
	组织承诺	0.152	8.500				

第七节　结果分析与讨论

一、研究假设结果汇总

根据之前对各研究假设的检验结果，具体汇总详见表 6 - 35。

表 6 - 35　本研究假设检验结果汇总

假设序号	假设内容	结果
H1	传媒业知识型员工工作幸福感正向影响员工创新绩效	成立
H1-1	工作情绪幸福感正向影响员工创新绩效	不成立
H1-2	认知职业幸福感正向影响员工创新绩效	成立
H1-3	社会关系幸福感正向影响员工创新绩效	成立
H2	传媒业知识型员工工作幸福感正向影响组织承诺	成立
H2-1	工作情绪幸福感正向影响情感承诺	成立
H2-2	工作情绪幸福感正向影响持续承诺	成立
H2-3	工作情绪幸福感正向影响规范承诺	成立
H2-4	认知职业幸福感正向影响情感承诺	不成立
H2-5	认知职业幸福感正向影响持续承诺	不成立
H2-6	认知职业幸福感正向影响规范承诺	不成立
H2-7	社会关系幸福感正向影响情感承诺	成立
H2-8	社会关系幸福感正向影响持续承诺	成立
H2-9	社会关系幸福感正向影响规范承诺	成立
H3	传媒业知识型员工组织承诺对员工创新绩效存在影响	部分成立
H3-1	情感承诺正向影响员工创新绩效	成立
H3-2	持续承诺负向影响员工创新绩效	成立
H3-3	规范承诺对员工创新绩效不产生直接影响	成立
H4	组织承诺在工作幸福感对员工创新绩效影响的过程中起中介作用	成立

二、假设检验结果讨论

(一) 工作幸福感与创新绩效研究结果讨论

据表 6 - 35 可知,本研究提出的四个关于工作幸福感对创新绩效的影响假设中除一个没有得到支持,其他三个都通过假设检验。"H1 传媒业知识型员工工作幸福感正向影响员工创新绩效"通过检验,原因可能是知识型员工工作中乐观快乐的感受越强烈,工作幸福感水平越高,员工对工作的认同与投入就会越多,进而其组织公民行为(创新行为)就会相应增多,创新绩效等随之提高。这一结论不仅与赖特和克罗潘扎诺(2004)的研究成果相吻合,证实了在众多影响员工创新绩效的个体因素中,快乐的员工会有更好的创新表现,而且进一步延伸拓展了实证研究的人群范围,佐证了工作幸福感的确可以有效改善并提升员工创新绩效（雪莱和周等，2004）。此外，自我决定理论认为只有同时满足人类三种基本需要（Autonomy—自主需要，Competence—胜任/能力需要，Relatedness—关系/归属需要）才能达到心理健康和个人发展的目标，才能有效促进个体对工作的认同与投入，进而通过工作完成自我实现及自我挑战，并有效感知快乐与满足，进而突破自身，寻求创新。这与本研究的假设 H1 的结论相一致。

在传媒业领域，工作幸福感三大维度与创新绩效的关系探讨结论指出，工作情绪幸福感正向影响员工创新绩效（H1-1）没有得到本研究的实证支持，可能的解释是，工作情绪幸福感包含正面积极情绪和负面消极情绪，布拉德伯恩（1969）[①] 认为幸福感就是这两种情感之间的平衡，积极情感增加人的幸福感，消极情感降低人的幸福感。简单来说，工作情绪幸福感就是指员工所体验到的积极情感与消极情感的差。根据已有研究，雪莱和周等（2004）[②] 在众多影响员工创新绩效的个体因素中，认为快乐的员工可能会有更好的创新表现与绩效水平。

同时，认知职业幸福感正向影响员工创新绩效（H1-2）被验证成立，说明员工努力工作及对工作的积极投入会得到管理者及同事的肯定，会让员工认为个人对组织是极具价值与意义的，[③] 因此他们具有积极进取的职业发展愿望，会对组织及工作本身的发展抱有希望，并通过工作完成个人成长，充满信心与期望。[④] 同时，员工将更偏向将组织愿景具体到个人工作中，表现出主人翁意识与行动。[⑤] 因此，拥有强认知职业幸福感的员工乐于进行有益于所在组织的创新活动，提升创新绩效。

---

① 黄金花、苗元江、陈浩彬：《情绪幸福感》，《中国电力教育》2008 年第 8 期，第 173—175 页。

② Shalley, C. E., Zhou, J., Oldham, G. R., "The Effects of Personal and Contextual Characteristics on Creativity: Where Should We Go from Here?" *Journal of Management*, no. 30 (Jun. 2004): pp. 933—956.

③ Shore, L. M., Randel, A. E., Chung, B. G., Dean, M. A., Ehrhart, K. H., Singh, G., "Inclusion and Diversity in Work Groups: A Review and Model for Future Research," *Journal of Management*, no. 37 (Mar. 2011): pp. 1262—1289.

④ Van Horn, J. E., Taris, T. W., Schaufeli, W. B., Schreurs, P. J. G., "The Structure of Occupational Well-being: A Study among Dutch Teachers" *Journal of Occupational and Organizational Psychology*, no77. (Mar. 2004): pp. 365—375.

⑤ Pierce, J. L., Gardner, D. G., "Self-esteem within the Work and Organizational Context: A Review of the Organization-based Self-esteem Literature," *Journal of Management*, no. 30 (May. 2004): pp. 591—622.

最后，社会关系幸福感正向影响员工创新绩效（H1-3）被验证成立，说明高社会关系幸福感的组织员工认为工作中的人际关系是高品质，该感知表明员工在工作中已得到组织成员的认可与支持。[①] 此外，有关研究指出，在个人利益服从集体利益的意识强化下，中国人更具大局意识与忍让精神，因此员工的幸福感在一定程度上会通过组织目标的达成、组织价值的实现等得以展现。同时员工更倾向于将个人实现、成就需求与组织发展整合起来，进而员工会更多地为组织利益服务，表现更多的利他动机及行为，并拥有很强烈的组织归属感与融洽人际关系的需求。[②] 这种身份与归属感知将对员工的行为表现起到激励作用，进而对员工创新绩效提升产生显著的积极影响。

（二）工作幸福感与组织承诺研究结果讨论

据表 6 - 35 可知，本研究提出的 10 个关于工作幸福感各维度对创新绩效的影响假设中除 3 个没有得到支持，其他 7 个都通过假设检验。"H2 传媒业知识型员工工作幸福感正向影响组织承诺"的假设被验证成立，说明员工工作幸福感高时，会对组织产生更多的认同和依恋。肖琳子（2006）[③] 认为工作幸福感与组织承诺的关系显著，且通过实证表明工作幸福感可以正向预测情感承诺等。伊冯和布鲁内托等（2012）[④] 就澳洲近 200 名警探的调研后指出，基于其工作幸福感的提升，警探们对工作的投入及组织承诺水平均有上升，同时其对组织的情感依赖有显著提高。

工作情绪幸福感及社会关系幸福感维度对组织承诺各维度均存在正向影响（H2-1、H2-2、H2-3、H2-7、H2-8、H2-9 被验证成立）。说明如果知识型员工在组织中的工作情绪幸福感很低时，那么他对工作的投入势必不高，同时对组织的认同和肯定会较低，进而这将降低其对企业的组织承诺。基于

[①] Chen, Z. X., Aryee, S., "Delegation and Employee Work Outcomes: An Examination of the Cultural Context of Mediating Processes in China," *Academy of Management Journal*, no. 50 (Jan. 2007): pp. 226—238.

[②] Lu, L., "Understanding Happiness: A Look into the Chinese Folk Psychology," *Journal of Happiness Studies*, no. 4 (Feb. 2001): pp. 407—432.

[③] 肖琳子：《企业员工工作满意度与组织承诺的关系研究》，博士学位论文，湖南大学，2006。

[④] Yvonne Brunetto, Stephen T. T. Teo, Kate Shacklock, Rod Farr-Wharton., "Emotional intelligence, job satisfaction, well-being and engagement: explaining organisational commitment and turnover intentions in policing" *Human Resource Management Journal*, no22 (Apr. 2012): pp. 428—441.

元分析的实证及结果，迈耶等人（1990）[①] 认为若员工幸福感中的积极情绪正向影响组织承诺，则幸福感中的情感幸福感维度与组织承诺正相关。生活在组织中的员工如果同事关系和睦、领导对其信赖并重视，那么他便认可自己拥有了高质量的社会关系；同时，基于集体主义文化影响，中国企业员工倾向于个体与群体的紧密性，因此社会关系幸福感提升时，员工往往对组织产生更多的依赖与归属，进而促进组织承诺提升。

在工作幸福感各维度对组织承诺各维度影响作用的检验结果中，认知职业幸福感对组织承诺各维度存在正向影响的假设（H2-4、H2-5、H2-6）被验证不成立，考虑可能的原因与传媒业自身人本管理缺失及传媒业知识型员工个人发展意愿及流动力强有关，囿于传媒企业工作特性的相对独立和时间的不稳定，知识型员工彼此间的交流较少、竞争较多，因此员工的工作压力较大。而企业平时又缺乏对员工情绪及心理的关爱及辅导，员工组织承诺必然降低。同时知识型员工的个人进取心强，对职位的晋升和职业的追求较强烈，因此其更多关注职位本身及自身职业发展，工作流动性强，缺少对本组织的依赖与依靠，进而组织承诺不高。

（三）组织承诺与创新绩效研究结果讨论

据表 6-35 可知，本研究提出的 4 个关于组织承诺对创新绩效的影响假设中除 1 个是部分成立外，其他 3 个都通过假设检验。"H3 传媒业知识型员工组织承诺对员工创新绩效存在影响"的假设结果部分通过，这同部分学者对组织承诺与创新绩效之间的关系研究结果保持一致，再次在不同行业、不同地域的研究中验证二者呈正相关性（威廉姆斯和安德森，1991；凯勒，1997；迈耶等，2002；陈和弗朗西斯科，2003；韩翼，2012），同时该结论也体现了社会交换理论在员工—组织关系研究中的作用机理与原理。已有研究者通过实证研究发现组织承诺在一定程度上可以预测员工的非任务绩效，如创新绩效，同时潜在地影响组织效能（effectiveness）和员工的工作努力程度。拥有较高组织承诺水平的员工会将个人目标与组织目标相结合，进而表现出更多的工作动机与行为，实现创新绩效的提升。就传媒业领域而言，目前有关知识型员工的组织承诺研究较少，就本研究结果看来，拥有较高的

---

① Meyer, J. P. & Allen, N. J., "The Measurement and Ancedents of Affective, Continuance and Normative Commitment to the Organization," *Journal of Occupational Psychology*, no63 (1990): pp. 1—18.

组织承诺水平对传媒业知识型员工意味着他们更加认同组织价值、与所在组织有着更为一致的目标准则，能够更加投入工作、激发工作热情，并从工作中获得更多满足、表现更高的创新行为与创新绩效。

组织承诺各维度对创新绩效影响作用的结果显示，情感承诺对创新绩效、持续承诺对创新绩效及规范承诺对创新绩效的影响作用假设（H3-1、H3-2、H3-3）均被验证成立。知识型员工的工作态度及行为受组织的工作氛围和自身感知的影响，对组织目标及价值的认同以及对组织的深厚感知将有效促进员工的创新动机及行为。情感承诺正向影响员工创新绩效的假设（H3-1）被验证成立，迈耶（2002)）[1] 的实证调查研究也指出，领导及管理者对员工绩效创新评价与员工情感承诺正相关，同时韩翼（2007）（$\beta=0.209$，$p<0.001$)[2] 的研究结果也表明感情承诺对创新绩效的影响是显著的。

持续承诺负向影响员工创新绩效的假设（H3-2）被验证成立，这与相关学者的研究结论相符，徐（Tsui，1997)[3] 认为员工若有高持续承诺水平，其在衡量离职时会较多考虑个人成本，为此将更多通过意见传达来实现对组织的改进愿望，除非有了更好的选择机会。周和乔治（2001）[4] 提出员工创新行为不属于本职工作要求，因此高持续承诺水平的员工可能不会有较多的创新动机，毕竟这与员工及组织建立的关系（聘用关系）并无太大影响。如果员工不满现状又没有离职计划，则为了改善个人工作状况可能表现出更多的组织建言及创新行为。

规范承诺对员工创新绩效不产生直接影响的假设（H3-3）被验证成立，原因或许是基于外在环境对个体的归属性塑造影响，基于需求层次理论，作为群体的一员，每个个体都对身处的组织（家庭组织、学校组织、工作组织等）产生深厚的情感依赖与认同，因此为获取组织肯定而表现出强烈的忠诚

---

① Meyer J. P. et al., "Affective, continuance and normative commitment to the organization: A meta-analysis of the antecedents, correlates and consequences," *Journal of Vocational Behavior*. No. 61 (2002): pp. 20—52.

② 韩翼:《组织承诺维度及对角色和角色外绩效的影响》,《中国管理科学》2007 年第 15 期。

③ Tsui A. S., "Alternative approaches to the employee-organization relationship: does investment in employees pay off?" *Academy of Management Journal*. no. 40 (May. 1997): pp. 1089—1121.

④ Zhou, J., &George, J. M., "When job dissatisfaction leads to creativity: Encouraging the expression of voice" *Academy of Management Journal*. no. 44 (Apr. 2001): pp. 682—696.

意识。陈和弗朗西斯科（2000）[①] 提出员工若拥有高规范承诺水平则倾向于更多地遵守组织规范、认真尽职工作、听从领导安排等，进而基于组织要求展现出更多的稳定性。同时，高规范承诺水平的员工会因为尽职恪守，认为自己对组织有深刻的责任，进而以组织价值为个人工作动机及行为的标准，而这一认知并不能很好地促进员工创新行为的发生。

（四）组织承诺的中介作用研究结果讨论

H-4 组织承诺中介影响作用通过检验，表明传媒业知识型员工通过对自身工作情绪的判断、对工作本身的认知及职业的态度、对职场中领导及同事关系的处理，可以抱有愉悦快乐的状态处理工作及人际关系，进而在和谐的工作氛围中与组织建立更紧密的联系，认同组织目标与组织价值，展现更多的组织忠诚及组织承诺。基于良好的组织—员工关系，知识型员工会更有工作热情，工作投入与努力程度相应增加，这将促使其把自我挑战、成就实现等个人需求同组织愿景及组织目标相结合，从而有更多的创新动机及行为，创新绩效水平随之提高。所以，员工工作幸福感能基于组织承诺对创新绩效实施作用，组织承诺的中介作用成立。

---

① Chen Z. X., Francesco A. M., "The relationship between the three components of commitment and employee performance in China," *Journal of Vocational Behavior*, no. 56 （2000）: pp. 114—136.

第七章　研究结论与展望

第一节　研究结论

将工作幸福感对创新绩效的影响实证放入传媒业知识型员工领域进行探究，是本研究突出的特色表现。传媒业知识型员工对工作情绪幸福感、认知职业幸福感和社会关系幸福感的体会与判断深刻影响着其对所在组织的认同与依赖，关乎创新绩效的改进和提升。为厘清变量间的关系与作用机制，本研究汲取前人的优秀研究成果，选取全国除了台湾和西藏外的所有省份、直辖市的传媒企业的记者、编辑、编导等知识型员工为研究样本，范围覆盖国内的一、二、三线城市，对工作幸福感量表在传媒业中的适用性进行了修订和论证，探讨了工作幸福感、组织承诺和创新绩效之间的相关性与回归关系。基于前期实证结果检验与分析，相关前期假设大都通过检验，表明本研究价值及可操作性适合传媒业企业人力资源管理。

一、传媒业知识型员工工作幸福感正向影响员工创新绩效

本研究首先证明了工作幸福感对员工创新绩效存在正向影响，这一研究结论也与国内外部分学者的研究结果一致（赖特和克罗潘扎诺，2004；黄亮，2015），证实了前人的研究结论。其次，工作情绪幸福感对员工创新绩效无影响，认知职业幸福感对员工创新绩效存在正向影响，社会关系幸福感对员工创新绩效存在正向影响。对传媒业知识型员工工作幸福感三大维度对创新绩效的关系探究与实证检验可使二者关系的研究向具体行业及人群细化。同时，研究结论也表明，增强传媒业知识型员工的工作幸福感将是提升员工创新绩效的有效路径之一。

二、传媒业知识型员工工作幸福感正向影响组织承诺

首先，本研究结果证实传媒业知识型员工工作幸福感对组织承诺存在正向影响，表明员工工作幸福感增强时，其组织承诺会提升。与已有组织承诺的前因研究相比，本研究从工作幸福感这一员工职场感知与体验出发探讨了其对知识型员工组织承诺的影响，具有一定的研究创新性。其次，从具体维度来看，工作情绪幸福感、社会关系幸福感对情感承诺存在正向影响，认知职业幸福感对情感承诺无影响；工作情绪幸福感、社会关系幸福感对持续承诺存在正向影响，认知职业幸福感对持续承诺无影响；工作情绪幸福感、社会关系幸福感对规范承诺存在正向影响，认知职业幸福感对规范承诺无影响。这也与当前传媒业实际情况相符，即相比认知职业幸福感而言，工作情绪幸福感与社会关系幸福感更能影响员工对所在组织的认可与认同，对组织产生依赖与承诺。而认知职业幸福感则是员工基于自身对工作本身的体验与态度倾向，因此，其并不能激发员工对组织的感情及承诺。

三、传媒业知识型员工组织承诺对员工创新绩效存在影响

本研究结果表明传媒业知识型员工组织承诺对员工创新绩效存在正向影响，这一研究结果同国内外部分学者（威廉姆斯和安德森，1991；Keller，1997；迈耶等，2002；陈和弗朗西斯科，2003；韩翼，2012）的研究结论相符，且本研究发现，情感承诺对员工创新绩效存在正向影响，持续承诺对员工创新绩效存在负向影响，规范承诺对员工创新绩效不产生直接影响。

四、组织承诺在工作幸福感对员工创新绩效影响的过程中起部分中介作用

本研究发现在引入组织承诺中介变量后，工作幸福感对创新绩效的回归显著，且回归系数降低，表明组织承诺在工作幸福感与员工创新绩效之间起中介作用，且为部分中介。

第二节　研究的管理启示与建议

知识型员工工作幸福感对创新绩效的作用机理已在本研究中得到有效验证，接下来需要考虑的是将已有研究结论通过策略制定引入中国传媒企业的

人力资源管理中。如今中国传媒业已迈入融合发展的"互联网＋"时代，一方面是行业急速的变化与发展，另一方面是传媒企业体制改革的迟缓与滞后，致使我国传媒企业面临着"就业择业困难"与"人才流失严重"并存的尴尬局面：首先，伴随媒介融合、产业融合的加剧，对媒体从业者的综合素质、复合能力的要求逐步升级，加大了传统媒体从业者的就业择业选择难度；其次，随着传媒业垄断红利的不断消失及"互联网＋"的发展，不少传统媒体的优秀人才纷纷跳槽 IT、金融行业，或自行创业，以致高级媒体人才严重流失，最终形成一方面媒体人离职转行，另一方面媒体组织紧缺人才的对立局面。而这一矛盾表现出传媒业知识型员工的职场竞争激烈且压力大，同时员工间的交流沟通少、缺乏组织关爱与组织认同等，在这种情况下很容易导致知识型员工工作情绪不稳定、失落感强及组织氛围紧张，如若不能及时有效地调整与疏导，将十分不利于优质媒体产品的创作与生产，进而影响传媒企业的品牌形象与竞争实力。因此，针对传媒业知识型员工工作幸福感的培养、塑造与保持是传媒企业人力资源管理的关注重点。为此本文建议如下：

一、促进传媒业知识型员工工作幸福感的改善

传媒企业领导及管理者要加强对员工工作幸福感及其各维度的认知与重视，通过对员工工作状况及幸福感水平的考量及评价，进行员工工作幸福感的培育与提升工作。首先，基于员工工作情绪幸福感维度的范围及内容，传媒组织可通过打造舒适自由的工作物理环境及和谐共进的组织文化氛围，促进员工对工作及组织的积极认知与认同，同时为培育员工的积极心理态度，可定期进行员工心理辅导及帮助以减少员工的负面情绪及心理问题。其次，通过对员工认知职业幸福感的理解，传媒企业可实施认知水平提升计划，努力培育员工的关注力及执行力，进而有效提升员工的认知职业幸福感。另外应根据员工个人特征及需求特征，为其详细规划与制定适合自己的职业路径发展参考，可定期外聘相关专家或购买相关培训以奖励表现优异的员工，以展示组织对其的肯定与接受。最后，以促进员工社会关系幸福感的提升为目标，传媒组织在和谐工作氛围打造、学习型组织建设及组织人事制度完善等方面应加大力气，重点支持。三点策略的并行与实施，将有效促进传媒业知识型员工工作幸福感的提升，并为组织文化及品牌竞争力的打造铺垫基础。

二、重视工作幸福感对组织承诺的影响

重视工作幸福感对组织承诺的正面影响，会帮助传媒企业领导更好地理解工作幸福感提升对组织绩效及组织价值实现的重要作用。员工工作幸福感在强化员工的组织认同及提升员工的忠诚度方面作用明显，对降低离职率，提高传媒产品创新团队的稳定性与凝聚力方面也有重要支持作用。因此，传媒企业管理者应加深对员工基于工作幸福感的组织承诺维度的认识与分析，通过对员工组织承诺水平的调查与结论分析，适时通过提升工作幸福感来刺激并提高员工的组织承诺水平。操作建议如下：传媒组织应针对各部门管理者实施提升员工组织承诺水平的培训，强化各部门管理者对组织承诺概念的认知与认同，帮助管理者借助员工谈话、部门指导等方法掌握下属员工的组织承诺状态，指导管理者借助各类培训、强化沟通及打造公正、平等的工作气氛等措施提升员工对组织价值目标等的认同、参与，有效促进员工组织承诺水平的提高，进而推动员工更多创新动机及行为的出现。

三、重视组织承诺对创新绩效的影响

传媒组织管理者须重视组织承诺对创新绩效的作用影响，通过匹配管理者风格与工作特征同传媒业知识型员工的适合度来有效提升员工对组织的认同、承诺，并以打造创新性组织氛围为工作重点。首先，鉴于自由轻松的工作环境广受我国传媒企业知识型员工的认同与欢迎，传媒组织管理者须正确处理"轻松氛围"与"自由做派"的关系，一方面，积极营造公平融洽的组织环境，另一方面，也要避免过于"自由"引起的组织忠诚度下降、工作流程失控及组织绩效下滑等风险。因此，塑造自由而不散漫的职场规范，避免刻板严苛的工作条例与规则，以减轻规范承诺对创新绩效的负面影响。其次，倡导各层级部门的管理者可通过向员工展示组织目标、发展方向、责任使命等正面积极信息，加强传媒知识型员工对媒体组织的认同与肯定，进而有效激励员工努力投入工作，为自我价值实现及组织目标达成贡献力量，加强员工对媒体组织的依恋与感情寄托，提升其对组织的情感承诺水平，以促进创新绩效的改善。最后，学会下放工作与权力，给予媒体员工更多自主权与把控权，促进其变革创新动机及行为的产生。同时应持宽容的态度对待媒体员工创新行为及绩效带来的影响，营造包容性强、相互理解、极具支持的组织创新氛围，使媒体员工能够基于自由环境去主动进行创新活动的展开，

并提升创新绩效水平。

四、通过工作幸福感作用于组织承诺以提高创新绩效水平

经过前期实证调研与验证，组织承诺的中介作用得以证实，为此打开了新的提升创新绩效的视野。当传媒业人力资源管理者试图制定相应提升知识型员工基于工作幸福感的创新绩效策略方法时，实施及验收效果中应有操作性强且可考量的指标依据进行评测。为此媒体员工组织承诺水平的高低及提升效果，可作为期间的衡量指标之一。由此以提升员工创新绩效为目的的过程实现了阶段化，通过促进员工工作幸福感水平改善员工组织承诺程度，再基于组织承诺的提升推动创新绩效的提高，这一过程涵盖的阶段相互影响，彼此制约，最终打造出全面、可操作、可考核、基于工作幸福感的传媒业知识型员工创新绩效提升策略体系。

第三节 研究局限与展望

本研究在对工作幸福感、组织承诺和创新绩效相关文献的整理基础上，以自我决定理论、幸福感理论和社会交换理论为理论基础，构建了本研究的理论模型，并经过问卷调查进行全国范围的数据收集与整理，经过实证分析和模型验证，得出了相关研究结论。整个研究思路较为清晰严谨，在数据的处理上力求真实客观，所得出的相关结论无论对于传媒管理理论研究还是传媒行业实践操作，均具有较大的价值与意义。但囿于研究时间与条件、研究者能力与精力等因素，本研究仍存在一定的局限与不足。以下就本研究的局限与不足稍作总结，为未来相关研究提供参考与方向。

一、样本选择及分布问题

尽管实证取样时涵盖了全国除西藏和台湾外的所有省份及直辖市，但对全国一、二、三线城市的抽取比例更多是由问卷发放人与联系人的固有地理位置决定的，而非由研究需要所定。因此，研究取得结果的代表性与媒体权威性还有待加强，不同区域（如华东、华南等）的样本分布也有待进一步合理选取，以方便进行跨地域比较分析。另外，研究样本量可根据研究需求进一步完善、扩大，如增加新媒体知识型员工的样本比例，以使后续研究随着传媒业的变化发展，取样分布水平及程度更接近于行业发展现状。

二、量表填涂方式的完善与改进

基于前期研究结论，本书的量表填涂方式以传媒业知识型员工自我评判与作答为主，一定程度上较好反映了员工个体特征，且利于问卷发放及回收，但却带来了其他诸如填答监控缺失等问题。尤其针对创新绩效量表的调研，完全依赖员工个人判断与评估略显主观，进而带来结果真实准确性的疑虑。基于此，之后的研究在问卷内容、编排设置和填答情境监控等方面应有所注意与改进。

三、其他中介变量及调节变量的探索

本研究运用社会交换等理论揭示了工作幸福感及创新绩效的连接关系，找到组织承诺在其间的中介影响，但其他中介或调节变量是否也会影响工作幸福感与创新绩效关系的方向和强度，在本研究中尚未做出说明。同时在员工工作幸福感与创新绩效之间的探究中，综合的切入角度在目前的研究中还不多见。为此，接下来的研究可借用其他学科的相关理论来深入剖析员工工作幸福感对创新绩效的影响机制，挖掘并找到影响二者关系的变量（如工作领域内的个体心理变量、地域或人文情境内的跨层次组织变量），进而加深并健全相关理论。

四、增加相应的纵向领域研究

囿于研究能力与水平，本书使用的是横向研究设计，虽然研究范围涉及广泛，研究假设也得以说明，在一定程度上适合本研究。但是横向研究是基于时间节点的截面探索，还不能全面囊括本研究构念间的因果关系探索的所有方面，因此存在一定研究局限与缺陷问题。未来在时间、精力、经费等都允许的情况下，可选择并实施纵向研究设计，选取不同时间节点做多个横截面数据收集与分析，加强本研究的理论价值和实践价值。

附录1　预调查问卷

工作幸福感、组织承诺与员工创新绩效调查问卷

致敬启者:

您好! 非常感谢您能花时间和精力来填答这份问卷。本调查由辽宁大学商学院、新闻与传播学院联合组织,目的在于了解传媒业知识型员工工作幸福感、组织承诺以及创新绩效等基本状况,为提升员工工作幸福感及企业创新水平提供依据。本调查不是测验,答案没有对错之分,研究结果的可靠性取决于您是否表达了真实想法。因此我们恳望您能认真填答每一个问题,同时不要漏答。我们保证您所填答的各项资料仅供学术研究之用,不会用于任何形式的个人评价和商业目的,并严格保密。如果您希望得到研究报告,请在末页留下联系方式。

非常感谢您的帮助! 祝您及家人身体安康,万事顺意!

如有任何疑问,请您直接联系研究者石姝莉,电话:135×××× 5480,E-mail:××××。

辽宁大学　商学院
　　　　　　新闻与传播学院

1. 工作幸福感

请依据您在工作中的实际感受,在最符合实际情况的数字上打"√",其中1=完全不同意,2=不同意,3=不太同意,4=无意见,5=部分同意,6=同意,7=完全同意。答案并无对错之分。	完全不同意	不同意	不太同意	无意见	部分同意	同意	完全同意
1-1. 工作使我感到放松	1	2	3	4	5	6	7
1-2. 工作使我感到满足	1	2	3	4	5	6	7

156

续表

请依据您在工作中的实际感受，在最符合实际情况的数字上打"√"，其中1＝完全不同意，2＝不同意，3＝不太同意，4＝无意见，5＝部分同意，6＝同意，7＝完全同意。答案并无对错之分。	完全不同意	不同意	不太同意	无意见	部分同意	同意	完全同意
1－3. 工作使我感到快乐	1	2	3	4	5	6	7
1－4. 工作使我感到忧虑	1	2	3	4	5	6	7
1－5. 工作使我感到沮丧	1	2	3	4	5	6	7
1－6. 工作使我感到苦不堪言	1	2	3	4	5	6	7
1－7. 工作使我感到心神不安	1	2	3	4	5	6	7
2－1. 我能够容易地集中精神工作	1	2	3	4	5	6	7
2－2. 我感到自己在工作中思维清晰							
2－3. 我感到自己容易集中精神思考问题							
2－4. 我在思考复杂问题时能够从容得解	1	2	3	4	5	6	7
2－5. 我对自己思考复杂问题的能力有信心	1	2	3	4	5	6	7
3－1. 我能够处理好工作中出现的任何问题	1	2	3	4	5	6	7
3－2. 我在工作中能够应付自如	1	2	3	4	5	6	7
3－3. 我认为自己在面对工作难题时比绝大多数人更有优势	1	2	3	4	5	6	7
3－4. 我享受在工作中做出新的尝试	1	2	3	4	5	6	7
3－5. 我在工作中偏好于选择有难度的任务	1	2	3	4	5	6	7
3－6. 我的工作得到了领导的认可	1	2	3	4	5	6	7
3－7. 我在工作中付出的大量努力受到了单位的重视	1	2	3	4	5	6	7
3－8. 这个单位欣赏我的工作业绩	1	2	3	4	5	6	7
3－9. 我的工作得到了同事的赞誉	1	2	3	4	5	6	7
4－1. 我对目前的工作单位有归属感	1	2	3	4	5	6	7
4－2. 我在工作单位中感觉到自己与其他人的联系紧密	1	2	3	4	5	6	7
4－3. 我相信工作单位重视自己存在的价值	1	2	3	4	5	6	7
4－4. 我工作单位的成员都乐意为他人提供帮助	1	2	3	4	5	6	7
4－5. 我相信工作单位的成员是友善的	1	2	3	4	5	6	7

2. 组织承诺

下列句子是关于人们对自己单位态度的描述，请尽量真实地表达出您的意见，在您认为适当的数字上打"√"，其中1＝完全不同意，2＝不同意，3＝不太同意，4＝无意见，5＝部分同意，6＝同意，7＝完全同意。答案并无对错之分。	完全不同意	不同意	不太同意	无意见	部分同意	同意	完全同意
5－1. 我愿意为单位付出额外的努力	1	2	3	4	5	6	7
5－2. 我认为，我所在的工作单位比较理想	1	2	3	4	5	6	7
5－3. 为了能继续留下来，工作单位让我做什么工作都可以	1	2	3	4	5	6	7

下列句子是关于人们对自己单位态度的描述，请尽量真实地表达出您的意见，在您认为适当的数字上打"√"，其中1＝完全不同意，2＝不同意，3＝不太同意，4＝无意见，5＝部分同意，6＝同意，7＝完全同意。答案并无对错之分。	完全不同意	不同意	不太同意	无意见	部分同意	同意	完全同意
5－4. 我觉得自己的价值准则和单位的很相似	1	2	3	4	5	6	7
5－5. 我会自豪地告诉别人，我是本单位的一员	1	2	3	4	5	6	7
5－6. 单位的目标能真正激发我的潜能，使我取得最佳成绩	1	2	3	4	5	6	7
6－1. 我很庆幸当初选择进入了这个单位工作	1	2	3	4	5	6	7
6－2. 留在这家单位工作，是我能做出的最佳选择	1	2	3	4	5	6	7
6－3. 本单位的发展前景很好，继续留在本单位工作对我的发展前途有利	1	2	3	4	5	6	7
6－4. 在本单位，我能够发挥自己的特长，工作起来得心应手	1	2	3	4	5	6	7
6－5. 即使目前有更好的工作机会，我也不想去，因为我熟悉这里的环境和生活，它使我有安全感	1	2	3	4	5	6	7
6－6. 在本单位，我能够得到大家的支持与尊重，到其他地方去只能是名"新兵"	1	2	3	4	5	6	7
7－1. 我相信单位的管理者有能力，我愿意继续留在本单位工作	1	2	3	4	5	6	7
7－2. 我继续留在本单位，是因为我觉得单位有恩于我	1	2	3	4	5	6	7
7－3. 单位为我提供了工作的机会，我就有义务报答单位	1	2	3	4	5	6	7
7－4. 我留在本单位，是因为身为其中的一员，有责任这样做	1	2	3	4	5	6	7
7－5. 如果现在离开本单位，我心里会有一种负疚感	1	2	3	4	5	6	7
7－6. 即使别的单位对自己更有利，我觉得目前也有义务继续为本单位服务	1	2	3	4	5	6	7

3. 创新绩效

请依据您在平时的行为，以及所了解的贵单位创新成就，在最符合实际情况的数字上打"√"，其中1＝完全不同意，2＝不同意，3＝不太同意，4＝无意见，5＝部分同意，6＝同意，7＝完全同意。答案并无对错之分。	非常不同意	不同意	不太同意	无意见	部分同意	同意	非常同意
8－1. 我经常从新的角度去思考工作中遇到的困难和问题	1	2	3	4	5	6	7
8－2. 我经常会寻找一些新方法、技术或手段，并应用到工作当中	1	2	3	4	5	6	7
8－3. 我经常想出一些有创意的点子，或找到一些独特的问题解决方案	1	2	3	4	5	6	7
8－4. 我会向别人阐述和推销自己的新点子，以获取单位领导和同事的支持与认可	1	2	3	4	5	6	7
8－5. 我喜欢尝试新的工作方式，并寻找不同解决方案	1	2	3	4	5	6	7
8－6. 总体而言，我是一个具有创意的人	1	2	3	4	5	6	7

4. 您的个人信息

本问卷是匿名的，但我们需要一些您个人及单位的信息，以便在不同群体间相互比较，所以麻烦您真实填写，我们将严格保密。请在相应信息序号上打"√"或直接填写。

1. 性别：①男　　②女

2. 年龄：①小于 25 岁　　②25－35 岁　　③36－45 岁　　④45 岁以上

3. 最高学历：①大专及以下　　②本科　　③硕士及以上

4. 任职年限：①3 年以内　　②3－5 年　　③5 年以上－10 年　　④10 年以上－15 年　　⑤15 年以上

5. 年收入：①10 万元以内　　②10－20 万元　　③20－30 万元　　④30 万元以上

6. 您单位的类型：①电视台　　②广播台　　③报社　　④出版社　　⑤杂志社　　⑥网站　　⑦新媒体企业　　⑧其他（请说明_____）

7. 您单位的性质：①国有/集体　　②民营/私营　　③外资/合资　　④其他

8. 您所在单位的规模：①0－50 人　　②51－100 人　　③101－300 人④301－500 人　　⑤500 人以上

问卷到此结束，再次感谢您的合作，祝您工作顺利，生活幸福！

如果您对本研究结果感兴趣，请留下您的联系方式，我们将把本研究的最终研究结果反馈给您！您的 E-mail：_____@_____

附录2 正式调查问卷

工作幸福感、组织承诺与员工创新绩效调查问卷

致敬启者：

您好！非常感谢您能花时间和精力来填答这份问卷。本调查由辽宁大学商学院、新闻与传播学院联合组织，目的在于了解传媒业知识型员工工作幸福感、组织承诺以及创新绩效等基本状况，为提升员工工作幸福感及企业创新水平提供依据。本调查不是测验，答案没有对错之分，研究结果的可靠性取决于您是否表达了真实想法。因此我们恳望您能认真填答每一个问题，同时不要漏答。我们保证您所填答的各项资料仅供学术研究之用，不会用于任何形式的个人评价和商业目的，并严格保密。如果您希望得到研究报告，请在末页留下联系方式。

非常感谢您的帮助！祝您及家人身体安康，万事顺意！

如有任何疑问，请您直接联系研究者石姝莉，电话：135××××5480，E-mail：××××。

辽宁大学 商学院
新闻与传播学院

1. 工作幸福感

请依据您在工作中的实际感受，在最符合实际情况的数字上打"√"，其中1＝完全不同意，2＝不同意，3＝不太同意，4＝无意见，5＝部分同意，6＝同意，7＝完全同意。答案并无对错之分。	完全不同意	不同意	不太同意	无意见	部分同意	同意	完全同意
W1－1. 工作使我感到放松	1	2	3	4	5	6	7
W1－2. 工作使我感到满足	1	2	3	4	5	6	7
W1－3. 工作使我感到快乐	1	2	3	4	5	6	7
W1－4. 工作使我感到忧虑	1	2	3	4	5	6	7
W1－5. 工作使我感到沮丧	1	2	3	4	5	6	7
W1－6. 工作使我感到苦不堪言	1	2	3	4	5	6	7
W1－7. 工作使我感到心神不安	1	2	3	4	5	6	7
W2－1. 我感到自己在工作中思维清晰	1	2	3	4	5	6	7
W2－2. 我感到自己容易集中精神思考问题							

请依据您在工作中的实际感受，在最符合实际情况的数字上打"√"，其中1＝完全不同意，2＝不同意，3＝不太同意，4＝无意见，5＝部分同意，6＝同意，7＝完全同意。答案并无对错之分。	完全不同意	不同意	不太同意	无意见	部分同意	同意	完全同意
W2－3. 我在思考复杂问题时能够从容得解							
W2－4. 我对自己思考复杂问题的能力有信心	1	2	3	4	5	6	7
W2－5. 我能够处理好工作中出现的任何问题	1	2	3	4	5	6	7
W2－6. 我在工作中能够应付自如	1	2	3	4	5	6	7
W2－7. 我认为自己在面对工作难题时比绝大多数人更有优势	1	2	3	4	5	6	7
W2－8. 我享受在工作中做出新的尝试	1	2	3	4	5	6	7
W2－9. 我在工作中偏好于选择有难度的任务	1	2	3	4	5	6	7
W3－1. 我的工作得到了领导的认可	1	2	3	4	5	6	7
W3－2. 我在工作中付出的大量努力受到了单位的重视	1	2	3	4	5	6	7
W3－3. 这个单位欣赏我的工作业绩	1	2	3	4	5	6	7
W3－4. 我的工作得到了同事的赞誉	1	2	3	4	5	6	7
W3－5. 我在工作单位中感觉到自己与其他人的联系紧密	1	2	3	4	5	6	7
W3－6. 我相信工作单位重视自己存在的价值	1	2	3	4	5	6	7
W3－7. 我工作单位的成员都乐意为他人提供帮助	1	2	3	4	5	6	7

2. 组织承诺

下列句子是关于人们对自己单位态度的描述，请尽量真实地表达出您的意见，在您认为适当的数字上打"√"，其中1＝完全不同意，2＝不同意，3＝不太同意，4＝无意见，5＝部分同意，6＝同意，7＝完全同意。答案并无对错之分。	完全不同意	不同意	不太同意	无意见	部分同意	同意	完全同意
O1－1. 我愿意为单位付出额外的努力	1	2	3	4	5	6	7
O1－2. 我认为，我所在的工作单位比较理想	1	2	3	4	5	6	7
O1－3. 我觉得自己的价值准则和单位的很相似	1	2	3	4	5	6	7
O1－4. 我会自豪地告诉别人，我是本单位的一员	1	2	3	4	5	6	7
O1－5. 单位的目标能真正激发我的潜能，使我取得最佳成绩	1	2	3	4	5	6	7
O2－1. 我很庆幸当初选择进入了这个单位工作	1	2	3	4	5	6	7
O2－2. 留在这家单位工作，是我能做出的最佳选择	1	2	3	4	5	6	7
O2－3. 本单位的发展前景很好，继续留在本单位工作对我的发展前途有利	1	2	3	4	5	6	7
O2－4. 在本单位，我能够发挥自己的特长，工作起来得心应手	1	2	3	4	5	6	7

下列句子是关于人们对自己单位态度的描述,请尽量真实地表达出您的意见,在您认为适当的数字上打"√",其中1=完全不同意,2=不同意,3=不太同意,4=无意见,5=部分同意,6=同意,7=完全同意。答案并无对错之分。	完全不同意	不同意	不太同意	无意见	部分同意	同意	完全同意
O2—5. 即使目前有更好的工作机会,我也不想去,因为我熟悉这里的环境和生活,它使我有安全感	1	2	3	4	5	6	7
O2—6. 在本单位,我能够得到大家的支持与尊重,到其他地方去只能是名"新兵"	1	2	3	4	5	6	7
O3—1. 我继续留在本单位,是因为我觉得单位有恩于我	1	2	3	4	5	6	7
O3—2. 我相信单位的管理者有能力,我愿意继续留在本单位工作	1	2	3	4	5	6	7
O3—3. 我留在本单位,是因为身为其中的一员,有责任这样做	1	2	3	4	5	6	7
O3—4. 如果现在离开本单位,我心里会有一种负疚感	1	2	3	4	5	6	7
O3—5. 即使别的单位对自己更有利,我觉得目前也有义务继续为本单位服务	1	2	3	4	5	6	7

3. 创新绩效

请依据您在平时的行为,以及所了解的贵单位创新成就,在最符合实际情况的数字上打"√",其中1=完全不同意,2=不同意,3=不太同意,4=无意见,5=部分同意,6=同意,7=完全同意。答案并无对错之分。	非常不同意	不同意	不太同意	无意见	部分同意	同意	非常同意
I1—1. 我经常从新的角度去思考工作中遇到的困难和问题	1	2	3	4	5	6	7
I1—2. 我经常会寻找一些新方法、技术或手段,并应用到工作当中	1	2	3	4	5	6	7
I1—3. 我经常想出一些有创意的点子,或找到一些独特的问题解决方案	1	2	3	4	5	6	7
I1—4. 我会向别人阐述和推销自己的新点子,以获取单位领导和同事的支持与认可	1	2	3	4	5	6	7
I1—5. 我喜欢尝试新的工作方式,并寻找不同解决方案	1	2	3	4	5	6	7
I1—6. 总体而言,我是一个具有创意的人	1	2	3	4	5	6	7

4. 您的个人信息

本问卷是匿名的,但我们需要一些您个人及单位的信息,以便在不同群体间相互比较,所以麻烦您真实填写,我们将严格保密。请在相信信息序号上打"√"或直接填写。

1. 您的性别: ①男　②女

2. 您的年龄：①小于 25 岁　②25—35 岁　③36—45 岁　④45 岁以上

3. 您的最高学历：①大专及以下　②本科　③硕士及以上

4. 您的任职年限：①3 年以内　②3—5 年　③5 年以上—10 年　④10 年以上—15 年　⑤15 年以上

5. 您的年收入：①10 万元以内　②10—20 万元　③20—30 万元　④30 万元以上

6. 您单位的类型：①电视台　②广播台　③报社　④出版社　⑤杂志社　⑥网站　⑦新媒体企业　⑧其他（请说明_____）

7. 您单位的性质：①国有/集体　②民营/私营　③外资/合资　④其他

8. 您所在单位的规模：①0—50 人　②51—100 人　③101—300 人　④301—500 人　⑤500 人以上

问卷到此结束，再次感谢您的合作，祝您工作顺利，生活幸福！

如果您对本研究结果感兴趣，请留下您的联系方式，我们将把本研究的最终研究结果反馈给您！您的 E-mail：_____@_____

附录3 调查问卷网页版、手机版示意图

调查问卷网页版示意图：

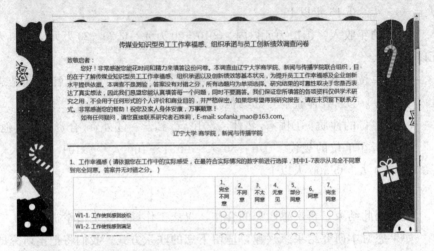

调查问卷手机版示意图：

参考文献

[1] ADAM M. GRANT，MARLYS K. CHRISTIANSON，RICHARD H. PRICE. Happiness，Health，or Relationships Managerial Practices and Employee Weil-Being Tradeoffs [J]. Academy of Management Perspectives，2007，8.

[2] AHUBIA A C. Individualsim/Collectivism and Cultures of Happiness: A Theoretical Conjecture on the Relationship between Consumption，Culture and Subjective Well-Being at the National Level [J]. Journal of Happiness Studies，2002，3 (1).

[3] AKINYEMI BENJAMIN. The Influence of Affective Commitment on Citizenship Behavior and Intention to Quit among Commercial Banks' Employees in Nigeria [J]. Journal of Management and Sustainability，2012，2 (2): 54—68.

[4] ALEXANDRA LUONGA，and STEVEN G ROGELBERGB. Group Dynamics，Meetings and More Meetings: The Relationship between Meeting Load and the Daily Well-Being of Employees. Volume9，Issue 1，March2005.

[5] ALLEN，N. J.，MEYER，J. P. The Measurement and Antecedents of Affective，Continuance and Normative Commitment to the Organization [J]. Journal of Occupational Psychology，1990，63: 1—18.

[6] ALLEN N J，MEYER J P. Affective，continuance and normative commitment to the organization. An examination of construct calidity [J]. Journal of Vocational Behavior. 1996. 49 (3): 252—276.

[7] AMABILE，T. M. A model of creativity and innovation in organizations [J]. Research in Organization Behavior，1998，8: 123—167.

[8] AMABILE，T. M.；BARSADE，S. G.；MUELLER，J. S.；STAW，B. M.. Affect and Creativity at Work［J］. Administrative Science Quarterly，2005，50（3）

[9] ASHFORTH B E，SAKES，A. M. Socialization tactics：Longitudinal effects on newcomer adjustment［J］. Academyof Management Journal. 1996：148—178.

[10] BECKER，H. S. Notes on the concept of commitment［J］. Amercian Journal of Sociology，1960，66（1）：32—40.

[11] BLANCHFLOWER D. G.，OSWALD A. J. International happiness：a new view on the measure of performance［J］. Academy of Management Perspectives，2011，25（1）：6—22.

[12] BECK，K.，WILSON，C. Development of affective organizational commitment：A cross-sequential examination of change with tenure［J］. Journal of Vocational Behavior，2000，（56）：114—136.

[13] BOWLING. N. HENDRICKS. E. WAGNER. S. Positive and Negative Affectivity and Facet Satisfaction：A Meta-analysis［J］. Journal of Business & Psychology，2008，23（3/4）.

[14] BRETONES F. D.，GONZALEZ M. Subjective and Occupational Well-being in a Sample of Mexican Workers［J］. Social Indicators Research，2011，100（2）：273—285.

[15] CHEN Z. X，FRANCESCO A. M. The relationship between the three components of commitment and employee performance in China［J］. Journal of Vocational Behavior，2000，56：114—136.

[16] CROPANZANO，RUSSELL；WRIGHT，THOMAS A. A 5-year study of change in the relationship between well-being and job performance［J］. Consulting Psychology Journal，1999，51（4）：252—265.

[17] DANIELS，KEVIN；BROUGH，PAULA：A note on a modification to Warr's measures of affective well-being at work. Journal of Occupational & Organizational Psychology，Jun97，Vol. 70 Issue 2，p129.

[18] DIENER，E. Subjective well-being：the science of happiness and a proposal for a national index［J］. American Psychologist，2000，55（1）：34—43.

［19］ DINENER & ROBERT BISWAS-DIENER. Will Money Increase Sub-jective Well-Being? ［J］. Social Indicators Research，2002，57（2）：119—169.

［20］ DIENER E. ，OISHI S. ，LUCAS，R. E. Personality，Culture，and Subjective Well-being：Emotional and Cognitive Evaluations of Life ［J］. Annual Review of Psychology，2003，54：403—426.

［21］ DONATELLI，F & SEVASTOS，P. Well-being at work：A multivari-ate analysis of Warr's vitamin model ［J］. Australian Journal of Psy-chology，2005，57.

［22］ DUBIN R，CHAMPOUX J，PORTER L W. Central life Interests and Organizational Commitment of Blue-Collarand Clerical Workers ［J］. Administrative Science Quarterly（20）. 1975：411—421.

［23］ FUKAMI C V，LARSON E. Commitment to company and union：Parallel models ［J］. Journal of Applied Psychology. 1984：367—371.

［24］ GAERTNER S. Strctural determinants of job satisfaction and organiza-tional commitment in turnover model ［J］. Human Resource Man-agemnt Review，1999，9（4）：479—493.

［25］ GEORGE，J. M. ，ZHOU，J. ，Understanding When Bad Moods Fos-ter Creativity and Good Ones Don't：The Role of Context and Clarity of Feelings ［J］. Journal of Applied Psychology，2002，87（4）.

［26］ GEORGE，J. M. Creativity in organizations ［J］. Academy of Man-agement Annals，2008（1），439—477.

［27］ GRANT A. M. ，CHRISTIANSON M . K. ，PRICE R. H. Happiness，Health，or Relationships? Managerial Practices and Employee Well-being Tradeoffs ［J］. Academy of Management Perspectives，2007，21（3）：51—63.

［28］ GREHNE S. et al. Working Conditions，and Three Types of Well-Be-ing：A Longitudinal Study with Self-Report and Rating Data ［J］. Journal of Occupaional Psychology，2005，10（1）：31—43.

［29］ GORDON B. PARKER，MANHEW P. HYETT. Measurement of Well-Being in the Workplace——The Development of the Work Well-Being Questionnaire ［J］. The Journal of Nervous and Mental Diseas，2011

(199)：394—397.

[30] HAFIZLMRAN，IQRA ARIF&SADAF CHEEMA. Relationship between Job Satisfaction，Job Performance，Attitude towards Work，and Organizational Commitment [J]. Entrepreneurship and Innovation Management Journal，2014，2（2）：135—144.

[31] HAGEDORN D. The benefits of frequent positive affeet：does happiness lead to suecess [J]. Psychologieal Bulletin，2005，（6）：803—855.

[32] CONGER J A，KANUNGO R N，MENON S T. Charismatic leadership and follower effects [J]. Journal of Organizational Behavior，2000，21（7）：747—767.

[33] HAUSSER，J. A.，MOJZISCH，A.，NIESEL，M.，SCHULZ-HARDT，S. Ten Years on：A Review of Recent Research on the Job Demand-control（-support）Model and Psychological Well-being [J]. Work & Stress，2010，24（1）：1—35.

[34] HIST，G，KNIPPENBERG，D. V. ZHOU，J. A cross-level perspective on employee creativity：goal orientation，team learning behavior，and individual creativity [J]. Academy of Management Journal，2009，52（2）：280—293.

[35] HOM，CAMILLE：Health Risk Management：Well-Being for the Employee and the Bottom Line. Benefits Quarterly，1999Third Quarter，Vol. 21issue3：14—19.

[36] JAMES，K.，BRODERSEN，M.，EISENBERG，J.，Workplace Affect and Workplace Creativity：A Review and Preliminary Model [J]. Human Performance，2004，17（2）.

[37] JAN DE LONGE & WILMAR B. SCHAUFELI. Job Characteristics and Employee Well-Being：A Test of Warr's Vitamin Model in Health Care Workers Using Structural Equation Modelling [J]. Journal of Organizational Behavior，1998，19（4）：387—407.

[38] JAN DUL，CANAN CEYLAN& FERDINND J. Knowledge work's creativity and the role of the physical work environment [J]. Human Resource Management，2011，50（6）：715—734.

[39] JOAN E. VAN HORN，TOON W. TATIS，WILMAR B. SCHAUFELI &

PAUL J. G. SCHREURS. The structure of occupational well-being: A study among Dutch teachers [J]. Journal of Occupational and Organizational Psychology, 2004, 77: 365—375.

[40] KARUN A. LOSCOCCO and GLENNA SPITZESOURCE. Working Conditions, Social Support, and the Well-Being of Female and Male Factory Workers [J]. Journal of Health and Social Behavior, 1990, 31 (4): 313—327.

[41] KATHRYN M. PAGE, DIANNE A. VELLA BRODERICK. The "What", "Why" and "How" of Employee Well being: A New Model [J]. Social Indicators Research, 2009, 90 (3).

[42] KELLER, R. T. Job involvement and organizational commitment as longitudinal predictor of job performance: A study of scientists and engineer [J]. Journal of Applied Psychology, 1997, 82: 539—545. 2007, 3: 53—58.

[43] KEMAKORN CHAIPRASIT, ORAPIN SANTIDHIRAKUL. Happiness at work of Employees in Small and Medium-sized Enterprises, Thailand [J]. Social and Behaviorral Sciences, 2011, 25: 189—200.

[44] KERESTES G. , BRKOVICL. , JAGODIC G. K. Predictors of Psychological Well-being of Adolescents' Parents [J]. Journal of Happiness Studies, 2012, 13 (6): 1073—1089.

[45] KEYES C. L. M. , SHMOTKIN D. RYFF C. D. Optimizing Well-being: The Empirical Encounter of Two Traditions [J]. Journal of Personality andSocial Psychology, 2002, 82 (6): 1007—1022.

[46] KEYES C. L. M. Social Well-being [J]. Social Psychology Quarterly, 1998, 61 (2): 121—140.

[47] LU L, GILMOUR R. Culture and Conceptions of Happiness: Individual Oriented and Social Oriented SWB [J]. Journal of Happiness Studies, 2004, 5 (3).

[48] LUHMANN M. , HAWKLEY L. C. , Eid M. , CACIOPPO J. T. Time Frames and the Distinction Between Affective and Cognitive Well-being [J]. Journal of Research in Personality, 2012, 46 (4): 431—441.

[49] LUTHANS F, YOUSEEF C M. Human, social and now positive psychological capital management: Investing in people for competitive advantage [J]. Organizational Dynamics, 2004, 33: 143—160.

[50] LYUBOMIRSKY, SONJA. The Benefits of Frequent Positive Affect: Does Happiness Lead to Success. The Benefits of Frequent Positive Affect: Does Happiness Lead to Success. Psychological Bulletin, 2001, (6): 805—855.

[51] MAYER, JOHN P., ALLEN, NATALIE J., GALLATLY, IAN R. Affective and continuance commitment to the organization: evaluation of measures and analysis of concurrent and time-lagged relationship [J]. Journal of Applied Psychology, 1990, 75: 710—720.

[52] MARTIN, M. W. Happiness and virtue in positive psychology [J]. Journal for the Theory of Behaviour, 2007, 37 (1).

[53] MCCRAE RR, COSTA PT. Adding lie be and Arbeit: The full five factor model and well-being [J]. Personality and Social Psychology Bulletin. 1991. 17 (2).

[54] MCGEE, G. W., &. FORD, R. C. Two or more? Dimensions of organizational commitment: Reexamination of the affective and continuance commitment scale [J]. Journal of Applied Psychology, 1987, 72: 638—641.

[55] MCKEE H. The British children evacuees: A life-span developmental perspective on resilience and psychological well-being [J]. The Sciences and Engineering, 2006, 66 (10): 571—572.

[56] MEYER J P, PAUNONEN S V, GELLATLY I R, GOFFIN R D, JACKSON D N. Organizational commitment and job performance: it's the nature of the commitment that counts [J]. Journal of Applied Psychology. 1989: 152—156.

[57] MEYER, J. P. &. ALLEN, N. J. The Measurement and Ancedents of Affective, Continuance and Normative Commitment to the Organization [J]. Journal of Occupational Psychology, 1990, 63: 1—18.

[58] MEYER, J. P., ALLEN, N. J., SMITH, C. A. Commitment to organizations and occupations: Extension and test of a three-Component

conceptualization [J]. Journal of Applied Psychology, 1993, 78: 538—551.

[59] MOWDAY R T. , STEERS R M. , PORTER L M. , The measurement of organizational commitment [J]. Journal of Vocational Behavior, 1979, 14: 224—247.

[60] PAGE K. M. , VELLA-BRODRICK D. A. The "What", "Why" and "How" of Employee Well-being: A New Model [J]. Social Indicators Research, 2009, 90 (3): 441—458.

[61] PARKER. Job design and modern manufacturing [J]. Psychology Partice, 1994, (5): 23—26.

[62] PETER B. WARR. Decision latitude, job demands, and employee well-being [J]. Work & Stress, 1990, 4 (4): 285—294.

[63] REGO A, CUNHA M P. They Need to Be Different, They Feel Happier in Authentizotic Climates [J]. Journal of Happiness Studies, 2012, 13 (4).

[64] REGO A, CUNHA M P, How Individualism-collectivism Orientations Predict Happiness in a Collectivistic Context [J]. Journal of Happiness Studies, 2009, 10 (1).

[65] REICHERS A E. A review and reconceptualization of organizational commitment [J]. Academy of ManagementReview, 1985, 100 (3): 465—476.

[66] RIIPINEN, MARKKU: The relationship between job involvement and well-being. Journal of Psychology, Jan97, VOI, 131Issuel, P8l.

[67] RIKETTA M. Attitudinal organizational commitment and job performance: A meta-analysis [J]. Journal ofOrganizational Behavior. 2002: 257—266.

[68] RYAN, R. M. & DECI, E. L. On happiness and human potentials: A review of research on hedonic and eudaimonic well-being [J]. Annual Review Psychology, 2001, 52: 141—166.

[69] RYFF, C. D. & DINGER, B. H.. Best News Yet on the Six-factor Model of Well-being [J] . Social Science Research, 2006, 35 (04): 1103—1119.

[70] RYFF, C. D. Psychological well-being in adult life [J]. Current Direction of Psychological Science, 1995, 4: 99—104.

[71] RYFF, C D. Happiness is everything, or is it Explorations on the meaning of psychological well-being [J]. Journal of Personality and Social Psychology, 1989. 57 (6).

[72] RYAN R. M. , DECI E. L. On Happiness and Human Potentials: A Review of Research on Hedonic and Eudaimonic Well-being [J]. Annual Review of Psychology, 2001, 52: 141—166.

[73] SCOTT E. SEIBERT, J. MICHAEL GRANT, MARIA L. KRAIMER. Proactive Personality and Career Success. Journal of applied psychology, 1999, 84 (3): 416—427

[74] SIU O L, LU C Q, SPECTOR P E. Employee's well-being in Greater China: the direct and moderating effects of general self-efficacy. Applied Psychology: An International Review, 2007, 56 (2): 288—301.

[75] STEERS R M. Antecedents and outcomes of Organizational Commitment [J]. Administrative Science Quarterly 22 (March), 1997: 46—56.

[76] STEVEN G ROGELBERG, DEMEND J. LEACH, PETER B. WARR & JENNIFER L. BUXNFIELD. "Not another Meeting" Are Meeting Time Demands Related to Employee Well-Being Journal of Applied Psychology, Volume91, Issue 1, January 2006.

[77] SWAILES, S. Organizational commitment: A critique of the construct and measures [J]. International Journal of Management Reviews, 2002, 4 (2), 155—178.

[78] TERHI SAARANEN, KERTTU TOSSAVAINEN, HANNELE TURUNNEN, VESA KIVINIEMI & HARRI VERTIO. Occupational well-being of school staff members: a structural equation model [J]. Health Education Research, 2007, 22 (2): 248—260.

[79] THOMAS A. WRIGHT & RUSSELL CROPANZANO. The role of Psychological well-being in job Performance: a fresh look at an age-old quest [J]. Organizational Dynamics, 2004, 33 (04): 338—351.

[80] T W. LEE, R T MOWDAY. Voluntarily leaving an organizational: an

empirical investigation of Steers and Mowday's model of turnover [J].
Academy of Management Journal 30 (4), 1987: 721—743.

[81] VAN DER DOEF, M., MAES, S. The Job Demand-control (-support) Model and Psychological Well-being: A Review of 20 Years of EmpiricalResearch [J]. Work&Stress, 1999, 13 (2): 87—114.

[82] VAN DIERENDONCK D. The Construct Validity of Ryff's Scales of Psychological Well-being and Its Extension with Spiritual Well-being [J]. Personality and Individual Differences, 2004, 36 (3): 629—643.

[83] VAN DIERENDONCK D., DIAZ D., RODRIGUEZ CARVAJAL R., BLANCO A., MORENO JIMENEZ B. Ryff's Six-factor Model of Psychological Well-being, A Spanish Exploration [J]. Social Indicators Research, 2008, 87 (3): 473—479.

[84] VAN HORN, J. E., TARIS T. W., SCHAUFELI, WILMAR B., SCHREURS, PAUL J. G., The Structure of Occupational Well-Being: A Study among Dutch Teachers [J]. Journal of Occupational and Organizational Psychology, 2004, 77 (3).

[85] WARR P. B. Age and Occupational Well-being [J]. Psychology and Aging, 1992, 7 (1).

[86] WARR P. B. Psychology at Work [M]. Lonjon: Penguin, 1996.

[87] WARR P. B. The Measurement of Well-being and Other Aspects of Mental Health [J]. Journal of Occupational Psychology, 1990, 63 (3): 193—210.

[88] WTERMAN A S. Two conceptions of happiness: Contrasts of personal expressiveness (eudaimonia) and hedonic enjoyment [J]. Journal of Personality and Social Psychology, 1993, 64: 678—691.

[89] WIENER Y, Commitment in organization: A normative view [J]. Academy of Management Review, 1982, 7 (3) 418—428.

[90] WILLIAMS, L. J, ANDERSON, S. E. Job satisfaction and organizational commitments as predictors of organizational citizenship and in-role behaviors [J]. Journal of Management, 1991, 17 (3): 601—617.

[91] WILLIAMS, ANDERSON. The effects of distributive and procedural justice on performance [J]. the Journal psychology. 1999.

[92] WRIGHT，T A，CROPANZANO，R. The role of psychological well-being in job performance：a fresh look at an age-old quest [J]．Organizational Dynamics，2004，33（4）：338—351.

[93] YVONNE BRUNETTO，STEPHEN T. T. TEO，KATE SHACK-LOCK，ROD FARR WHARTON. Emotional intelligence，job satisfaction，well-being and engagement：explaining organisational commitment and turnover intentions in policing [J]．Human Resource Management Journal，2012，22（4）：428—441.

[94] ZHOU，J. ，& GEORGE，J. M. When job dissatisfaction leads to creativity：Encouraging the expression of voice [J]．Academy of Management Journal，200144：682—696.

[95] ZHOU，J. ，& SHALLEY，C，E. Handbook of organizational creativity [M]．New York：Lawrence Erlbaum Associates，2008.

[96] 曹新美，刘翔平等．积极心理学中流畅感理论的评介 [J]．赣南师范学院学报，2007（4）：88—92.

[97] 陈妹娟，周爱保．主观幸福感研究综述 [J]．心理与行为研究，2003（03）：23—28.

[98] 陈谦，孙亮．主观工作幸福感与周边绩效关系 [J]．人才开发，2008（12）：12—13.

[99] 陈晓萍，徐树影和樊景立．组织与管理研究的实证方法 [M]．北京：北京大学出版社，2008.

[100] 陈燕飞．员工希望、幸福感与组织承诺的关系研究 [D]．南昌：南昌大学，2010.

[101] 崔保国．2013 年：中国传媒产业发展报告 [M]．北京：社会科学文献出版社，2014.

[102] 丁新华，王极盛．青少年主观幸福感研究述评 [J]．心理科学进展，2004（01）：104—112.

[103] 杜智敏．抽样调查与 SPSS 应用 [M]．北京：电子工业出版社，2010.

[104] 樊耘，阎亮和张克勤．组织文化、人力资源管理实践与组织承诺 [J]．科学学与科学技术管理，2012（9）：171—175.

[105] 冯冬冬，陆昌勤，萧爱铃．工作不安全感与幸福感、绩效的关系：自我效能感的作用 [J]．心理学报，2008，40（4）：102—110.

［106］冯骥．员工心理契约、幸福感与工作绩效关系模型研究［D］．南昌：南昌大学，2010.

［107］傅平．传媒变革与实践——新时期中国传媒集团的战略与转型［M］．上海：上海交通大学出版社，2013.

［108］郭杨．中国人工作幸福感的结构维度研究［D］．广州：广东外语外贸大学，2008.

［109］韩翼．雇员工作绩效结构模型构建与实证研究［D］．武汉：华中科技大学，2006.5.

［110］韩翼，廖建桥，龙立荣．雇员工作绩效结构模型构建与实证研究［J］．管理科学学报，2007（10）：45—52.

［111］韩翼．组织承诺维度及对角色和角色外绩效的影响［J］．中国管理科学，2007（15）：162—170.

［112］韩翼，杨白寅，张鹏程．组织承诺会导致创新：目标定向的调节作用［J］．科学学研究，2011，29（1）：127—137.

［113］韩翼．组织承诺形成机制、效应机制及作用机制研究［M］．北京：中国社会科学出版社，2013.

［114］黄楚新．媒介融合背景下的传媒创新［M］．杭州：浙江大学出版社，2011.

［115］黄亮．工作幸福感与员工创新绩效关系研究述评［J］．商业时代，2013（08）：57—63.

［116］黄亮．中国企业员工工作幸福感的维度结构研究［J］．中央财经大学学报，2014（10）：84—112.

［117］黄亮，徐辉．工作幸福感导向的工作要求——控制—支持模型研究述评［J］．商业经济与管理，2014（10）：23—34.

［118］黄亮 等．工作幸福感对员工创新绩效的影响机制——一个多层次被调节的中介模型［J］．南开管理评论，2015（02）：15—22.

［119］黄金花，苗元江，陈浩彬．情绪幸福感［J］．中国电力教育．2008（08）：173—175.

［120］黄希庭，张志杰．心理学研究方法（第2版）［M］．北京：高等教育出版社，2010.

［121］克里斯托弗·彼得森．积极心理学［M］．北京：群言出版社．2010.

［122］劳拉·金．普通心理学（积极心理学新视角）［M］．北京：人民大学

出版社.2013.

[123] 理查德·莱亚德.幸福感的社会［M］.侯洋译.杭州：浙江人民出版社.2015.

[124] 李怀祖.管理研究方法论（第2版）［M］.西安：西安交通大学出版社.2004.

[125] 李晋.基于员工工作幸福感的快乐管理研究［D］.南京：南京师范大学，2008.

[126] 李锡元等.科技人才角色压力、工作幸福感与工作投入的关系研究——职业韧性的调节作用［J］.科技与经济，2014（4）：36—40.

[127] 李艳芬.工作幸福感与工作绩效的关系研究［J］.经济视角，2013（08）：69—75.

[128] 李艳萍，徐嘉.基于组织认同中介作用的集体主义对工作幸福感的多层次影响研究［J］.管理学报，2014（2）：90—98.

[129] 李忠，谢朝辉.国内主观幸福感研究文献述评［J］.重庆大学学报，2006（04）：106—112.

[130] 李志，牛丽琴，鲁莉卓.主观幸福感相关研究述评［J］.学术前沿，2006（06）：92—101.

[131] 雷巧玲.文化驱动力——基于企业文化的心理授权对知识型员工组织承诺影响的实证研究［M］.北京：经济管理出版社，2008.

[132] 凌文栓，张治灿和方俐洛.中国职工组织承诺的结构模型研究［J］.管理科学学报，2000，3（2）：76—80.

[133] 凌文轮，张治灿，方俐洛.影响组织承诺的因素探讨［J］.心理学报，2001，（33—3）：111—120.

[134] 凌文栓，方俐洛.心理与行为测量［M］.北京：机械工业出版社，2003.

[135] 刘小平.组织承诺综合形成模型研究［J］.科研管理，2005（2）：15—20.

[136] 刘小平.员工组织承诺的形成过程：内部机制和外部影响——基于社会交换理论的实证研究［J］.管理世界，2011（11）：92—95.

[137] 刘小平.中国情境下的员工组织承诺研究［M］.北京：社会科学文献出版社，2012.

[138] 刘小平，王重鸣，Pauvers B C.组织承诺影响因素的模拟实验研究［J］.中国管理科学，2002（6）：21—30.

[139] 刘军. 管理研究方法原理与应用 [M]. 北京：中国人民大学出版社，2008.

[140] 龙小兵. 知识型企业员工非物质激励机制与创新绩效研究 [D]. 长沙：中南大学，2012.

[141] 路琳，常河山. 目标导向对个体创新行为的影响研究 [J]. 研究与发展管理，2007 (6)：56—62.

[142] 露西·曼德维尔著，孔秀云译. 幸福感才是最重要的事情 [M]. 南京：江苏人民出版社.2015.

[143] 罗宾斯等. 组织行为学 [M]. 北京：中国人民大学出版社，2012.

[144] 罗力. 知识型员工工作压力、工作幸福感与离职倾向的关系研究 [D]. 武汉：武汉理工大学，2011.

[145] 栾晓琳. 个体特征、工作特性与工作幸福感的关系研究 [D]. 大连：大连理工大学，2008.

[146] 马凌，王瑜和邢芸. 企业员工工作满意度、组织承诺与工作绩效关系 [J]. 企业经济，2013，32 (5)：68—70.

[147] 苗元江，王旭光，陈燕飞. 员工幸福感研究述评 [J]. 企业活力，2011 (08)：101—104.

[148] 苗元江，冯骥，白舒好. 工作幸福感概观 [J]. 经济管理，2009 (10)：121—124.

[149] 苗元江. 心理学视野中的幸福 [M]. 天津：天津人民出版社.2009.

[150] 任海燕. 综合性医院临床医生幸福感评价及影响因素的研究 [D]. 武汉：华中科技大学，2010.

[151] 荣秦生. AMOS 与研究方法 [M]. 重庆：重庆大学出版社，2009.

[152] 斯蒂芬·P·罗宾斯. 管理学 [M]. 北京：中国人民大学出版社，2012.

[153] 孙泽厚，周露. 工作幸福感与工作生活质量及工作绩效的关系研究 [J]. 统计与决策，2009 (11)：96—102.

[154] 田林. 主观幸福感及其与人格的关系综述 [J]. 心理与行为研究，2004 (02)：36—42.

[155] 汪玲，方平，鲁蕊. 目标定向对创造个性的影响 [J]. 心理科学，2010 (1)：56—62.

[156] 王佳艺，胡安安. 主观工作幸福感研究述评 [J]. 外国经济与管理，2006，28 (8)：136—141.

[157] 魏均．主观幸福感对知识型员工组织认同的影响［J］．科研管理，2009（3）：90—98.

[158] 文峰．工作幸福感的结构与相关研究［D］．广州：暨南大学，2006.

[159] 吴明隆，涂金堂．SPSS与统计应用分析［M］．大连：东北财经大学出版社，2012.

[160] 吴明隆．结构方程模型：AMOS的操作与应用［M］．重庆：重庆大学出版社，2010.

[161] 吴明霞．30年来西方关于主观幸福感的理论发展［J］．心理学动态，2000（04）：37—45.

[162] 吴琪．民营企业员工工作幸福感对工作绩效影响的实证研究——以安徽省民营企业为例［D］．合肥：安徽大学，2011.

[163] 吴治国．变革型领导、组织创新气氛与创新绩效关联模型研究——基于中国企业的理论与实证分析［D］．上海：上海交通大学经济与管理学院，2008.

[164] 肖峰．技术、人文与幸福感［J］．中国人民大学学报，2007（1）：44—49.

[165] 邢占军．主观幸福感研究：对幸福的实证探索［J］．理论学刊，2002（05）：71—74.

[166] 邢占军．主观幸福感测量研究综述［J］．心理科学，2002（03）：82—87.

[167] 邢占军．西方哲学史上的两种主要幸福观与当代主观幸福感研究［J］．理论探讨，2004（01）：118—124.

[168] 邢占军，等．Ryff心理幸福感量表在我国城市居民中的试用研究［J］．健康心理学杂志，2004（03）：82—86.

[169] 邢周凌．承诺型人力资源管理系统与组织绩效的关系研究—基于中部六省高校的实证分析［J］．2009，21（11）：74—83.

[170] 许苏明．论社会交换行为的类型及其制约因素［J］．南京大学学报，2000（03）：62—68.

[171] 许绍康，卢光莉．高校教师组织承诺与工作绩效的关系研究［J］．心理科学，2008，31（4）：987—988.

[172] 严标宾，郑雪，邱林．SWB和PWB两种幸福感研究取向的分野与整合［J］．心理科学，2004（04）.

[173] 阎海峰，陈灵燕．承诺型人力资源管理实践、知识分享和组织创新的关系研究 [J]．南开管理评论，2010，13 (5)：92—98.

[174] 杨露．员工工作幸福感研究综述 [J]．现代商贸工业，2014 (3)：140—143.

[175] 杨欣欣．企业员工工作幸福感的影响因素研究——以北京市及盘锦区部分企业为例 [D]．长春：吉林大学，2009.

[176] 杨永春．和谐企业员工的工作幸福感研究 [D]．大连：中国海洋大学，2011.

[177] 喻国明．中国传媒发展指数报告 2013 [M]．北京：人民大学出版社，2013.

[178] 展珊珊．新生代员工的主观幸福感、组织认同及工作绩效关系研究 [D]．武汉：华中师范大学，2011.

[179] 张惠，戴冰．主观幸福感与工作绩效的关系研究综述 [J]．商场现代化，2007 (06)：46—50.

[180] 张进．主观幸福感概念、测量及其与工作效能变量的关系 [J]．中国软科学，2007 (5)：42—51.

[181] 张瑾．顾客参与对知识密集型服务业创新绩效的影响研究 [D]．苏州：苏州大学，2014.

[182] 张兴贵，罗中正，严标宾．个人——环境（组织）匹配视角的员工幸福感 [J]．心理科学进展，2012，20 (6)：935—943.

[183] 张学和．科技组织情境下知识型员工创新绩效实证研究 [D]．合肥：中国科学技术大学，2012.

[184] 张再生．工作—家庭关系理论与工作家庭平衡计划 [J]．南开管理评论，2002 (04)：78—82.

[185] 赵颖斯．创新网络中企业网络能力、网络位置与创新绩效的相关性研究 [D]．北京：北京交通大学，2014.

[186] 郑国娟，张丽娟．从"幸福心理学"论提升工作幸福感 [J]．企业活力，2006 (09)：42—45.

[187] 曾红，郭斯萍．"乐"——中国人的主观幸福感与传统文化中的幸福观 [J]．心理学报，2012，44 (7)：986—994.

[188] 郑建君，金盛华，马国义．组织创新气氛的测量及其在员工创新能力与创新绩效关系中的调节效应 [J]．心理学报，2009 (12)：15—20.

［189］周菲等．组织行为学（第二版）［M］．北京：机械工业出版社，2014．

［190］周菲等．组织行为学视域：企业竞争力［M］．北京：经济管理出版
社，2012．

后 记

　　随着我国传媒业的迅猛发展与快速迭代，如何深入行业内部、把握核心要素展开探索与研究，成为目前业界与学界普遍关注的新课题与新方向。借助经济学、管理学等学科的研究方法与崭新视角，重新审视与探究传媒业，关注核心员工的积极心理，借鉴行为经济学的最近发展，于我而言是挑战，更是目标。坦白地说，我之前有关传媒业知识型员工的研究过于追求案例分析、行业考究，这也是传媒学界研究的惯性思维。"工作幸福感"引入传媒业的确是个崭新的概念，但基于行业交融的步伐与产业互通的节奏，探索传媒业知识型员工工作幸福感及其对企业绩效的影响将为学界研究开辟新方向，并为业界发展带来新方案。

　　我个人的理解，在从一个较远的起点向研究对象走近，总会经历这样一个过程：远望大楼是一个整体，近看才发现还有门窗细节，可走进大楼内部，却会发现又别有洞天。为此，学术研究不可过于强调宏观视角，提倡所谓"站得高看得远"；同样也不可过于追求细节表象，陷入"一叶障目不见泰山"的困境。吸取了以往研究的经验和教训，通过读博期间经济学、管理学等理论知识的建构和相关管理研究方法的学习，这次的研究，我从传媒业知识型员工工作幸福感角度入手，给自己定的规矩是不能深陷于单一传媒行业，亦尽可能获取全国范围调查数据。通过对工作幸福感及相关理论的梳理与研究，探讨工作幸福感、组织承诺及创新绩效在传媒行业的特征与关系，试图突破目前研究"点到为止"的局限。

　　在调研与写作过程中，另一个矛盾亦缠绕于心。本书从传媒业知识型员工工作幸福感展开研究，但在传媒业内部亦有电视、电影、报社、期刊社、出版社及网站等多个细分产业，甚至一些新媒体公司也涉猎其中。这一方面增加了我对传媒业知识型员工研究议题选择的自信心，另一方面也深感压力——理论的创新能否及时回应实际行业更迭的需求？本研究探索的工作幸福感对创新绩效的影响等，能保持多长时间的生长周期？而基于中国化实践语境构建的传媒业工作幸福感理论，是否可作为这一领域的一个有力基点，又对未来的行业发展及理论更新产生多大意义？

本书是基于本人博士论文进行的修正、完善与补充。在本书历时三年的探索与写作过程中，我没有孤独感，这基于前期众多研究者的丰硕成果，更主要得益于我在研究过程中获得了诸多前辈的支持与指点。特别是我的博士生导师周菲教授，她在学术路径与研究取向方面给予了我细致有效的指导，让我这个管理学门外汉开始领略到理论方法之美，逐步踏上学术研究之路；老师在组织行为学前沿领域颇有成就，对该领域的探究与学习也对本文的完成起到了有力的推动。在此非常感谢恩师的栽培与指点！在读博期间，我还有幸得到很多老师的言传身教，有以战略研究为长的刘力钢教授，也有以企业伦理责任为研究旨趣的赵德志教授，还有善于市场营销研究的李雪欣教授，更有精于统计学研究方法的姚海鑫教授，各位前辈将自己最前沿的研究成果、心得体会毫无保留地传授给我，其课堂讲解更让我受益无穷，也正是他们的授业解惑，使我拓宽了视野，增长了学识。在调研过程中，诸多媒体同行朋友及学界前辈也给予了我大力的支持与配合，在此一并感谢。

最后，我要感谢我年迈的父母、我的丈夫及儿子，你们的支持与奉献，成就了我的学术生涯。父母跋涉千里从湖北老家来到沈阳，支持我的学业与工作，默默付出、不计回报；丈夫工作繁忙，出差更是频繁，但只要在家就带着儿子到处游玩，以便我安心学习与研究；儿子是我前行的鞭策，提醒我不能虚度光阴，更是我快乐的源泉，督促我尽快成长为一名有耐心的好妈妈。轻言几句致谢之语，实难表达我内心的感激之情，唯有加倍努力继续前行。

望此书的出版成为我读博生涯努力的见证，更成为我学术研究的新起点。

石姝莉

修正：2018 年 6 月于英国牛津布鲁克斯大学

(JHB Library, Oxford Brookes University)

完善：2021 年 6 月于辽宁沈阳辽宁大学图书馆